MONS. FRANCISCO CONESA

Hacia una Iglesia más sinodal

Mi experiencia en la Asamblea del Sínodo de los obispos

EDITORIAL

Editorial Claret es miembro de
Claret Publishing Group
Bangalore • Barcelona • Buenos Aires • Chennai
Colombo • Dar es Salaam • Lagos • Macao • Madrid
Manila • Owerri • São Paulo • Varsovia • Yaoundé

Primera edición: febrero de 2024

© Francisco Conesa Ferrer, 2024

© de esta edición: Editorial Claret, SL, 2024
Sicília, 410 – 08025 Barcelona
www.editorialclaret.es – editorial@claret.es

ISBN: 978-84-9136-534-1

Depósito legal: B-3.365-2024

Impreso en QP Print

INTRODUCCIÓN

En el mes de octubre de 2023 tuve la oportunidad de vivir un acontecimiento singular de gracia, que no solo me enriqueció personalmente, sino que, según mi parecer, será decisivo para la vida de la Iglesia. Unos meses antes, en el mes de julio, el Papa me había designado como miembro de la XVI Asamblea General del Sínodo de los obispos, que tenía como tema «Por una Iglesia sinodal. Comunión, participación y misión». Fue para mí un privilegio poder tomar parte activa en esta Asamblea que, situándose en continuidad con el Concilio Vaticano II, tenía por objeto reflexionar acerca de la naturaleza de la misma Iglesia y ofrecer al Papa sugerencias para que nuestra Iglesia crezca en sinodalidad con vistas a la misión.

La participación en esta Asamblea me permitió vivir una dimensión importante de mi ministerio episcopal, porque, como señaló el Concilio, cada obispo posee simultáneamente e inseparablemente, la responsabilidad por la Iglesia particular que se le ha encomendado y la preocupación por la Iglesia universal[1]. Tomar parte activa en el Sínodo me ofrecía la oportunidad de vivir de manera singular el carácter colegial del

---

1. CONCILIO VATICANO II, Const. Dogm. *Lumen gentium*, 23; Decr. *Christus Dominus*, 3.

ministerio episcopal y compartir con otros obispos y con el sucesor de Pedro la preocupación por todo el pueblo de Dios.

En las páginas que siguen se recoge mi experiencia de esta Asamblea, del ambiente que se respiró y de los temas más importantes que nos ocuparon. Se trata, evidentemente, de la visión personal de este obispo que, desde la pequeña diócesis de Solsona, fue elegido por sus compañeros para participar en un acontecimiento importante de la Iglesia universal. Las experiencias que destaco y los temas que subrayo son fruto de mi propia experiencia y reflexión. Por otra parte, muchas de estas reflexiones han sido compartidas con diversos grupos de sacerdotes y laicos, a los que durante estos meses he expuesto mi vivencia de la Asamblea Sinodal.

He dudado sobre la oportunidad de escribir este libro, porque, en cierta manera, resulta prematuro hablar sobre un acontecimiento que todavía no ha terminado. En efecto, por decisión de nuestro papa Francisco, esta Asamblea del Sínodo se desarrollará en dos sesiones y, por ello, no cantaremos el *Te Deum* conclusivo hasta final de octubre de 2024. A pesar de esto, he considerado que la experiencia vivida tenía la suficiente consistencia para compartirla con vosotros. Agradezco a la Editorial Claret la propuesta de realizar este escrito, con el que desearía dar a conocer lo que viví y, al mismo tiempo, animar a muchas personas –y sobre todo a los sacerdotes– a entusiasmarse con esta oportunidad de renovar la vida de nuestra Iglesia, que no tiene más objetivo que ayudarla a crecer en su misión de anunciar el Evangelio.

En el título que he escogido para este libro he querido subrayar que el objetivo del Sínodo no es construir ni inventar una Iglesia nueva, sino hacer crecer a nuestra Iglesia en la comunión y en la misión. Deseamos avanzar hacia una Iglesia que sea *más* sinodal, que viva con más plenitud esa característica fundamental que define lo que es.

Permitidme que en los primeros capítulos exponga las cuestiones más formales, relativas al método de trabajo que se ha seguido, porque considero que son relevantes para comprender el contenido de lo que se trató. A partir del capítulo tercero, abordaré los temas principales que fueron discutidos y que se recogen en la relación de Síntesis, que fue aprobada en la última congregación general. El último capítulo recoge las indicaciones de la Secretaría del Sínodo para continuar trabajando hasta la segunda sesión, en octubre de 2024.

No quiero acabar estas líneas sin agradecer el espíritu de fraternidad que hemos vivido los obispos, sacerdotes, religiosos y laicos que participamos en la Asamblea representando a las iglesias de España. También estoy muy agradecido a todo el equipo de dirección del Colegio Español de Roma, por su cálida acogida durante el tiempo de la Asamblea del Sínodo.

Solsona, 7 de enero de 2024

~ CAPÍTULO 1 ~

EL SÍNODO COMO UN PROCESO

Comenzamos la exposición subrayando la novedad que supone el Sínodo que estamos viviendo, al concebirse el Sínodo como un proceso o camino que involucra a todo el pueblo de Dios. Se describen, a continuación, las etapas o fases del Sínodo 2021-2024.

1. La Asamblea del «Sínodo de los obispos»

En respuesta al deseo manifestado por los Padres del Concilio Vaticano II, el Papa San Pablo VI instituyó el 15 de septiembre de 1965 el «Sínodo de los obispos». El Papa Pablo VI lo concibió como un organismo compuesto por obispos, nombrados la mayor parte por las conferencias episcopales, que servía como instrumento de consulta y colaboración con su ministerio como Pastor de la Iglesia universal[1]. El Sínodo es espacio de intercambio de información y de experiencias, de ejercicio de la Colegialidad episcopal y de ayuda al Santo Padre en el gobierno de la Iglesia. Los papas sucesivos han apreciado

---

1. Cf. S. Pablo VI, Cart. Ap. *Apostolica sollicitudo* (15-9-1965). El decreto conciliar *Christus Dominus*, 5 incorporó esta decisión del Papa.

mucho esta institución, como organismo de consulta, que les ayuda en su solicitud por todas las iglesias.

El Sínodo de los obispos ha sido muy importante en el itinerario de recepción del Concilio Vaticano II. Desde su creación, ha tratado sobre cuestiones que afectar a realidades fundamentales de la vida de la Iglesia, como la evangelización, la reconciliación, la catequesis, la Eucaristía, la Palabra de Dios o la familia. También se ha ocupado de las diferentes vocaciones, ministerios y servicios en la Iglesia, como el ministerio de los obispos, los presbíteros, de los laicos, de la vida consagrada. Ha habido también Sínodos generales, que trataron cuestiones que afectaban a la Iglesia universal y Asambleas sinodales especiales, que trataban cuestiones de un continente o región de la Iglesia. Sin duda, el Sínodo de los obispos ha sido uno de los organismos nacidos del Concilio que ha tenido más trascendencia en la vida de la Iglesia.

2. EL SÍNODO DE LOS OBISPOS COMO UN PROCESO

Desde los inicios de su pontificado, el Papa Francisco mostró el deseo de intensificar el ámbito del Sínodo y organizarlo de una manera distinta. Al conmemorar el 50 aniversario de esta institución, el Papa dirigió un importante discurso, en el que anunciaba su intención de perfeccionar y mejorar la institución del Sínodo de los obispos[2]. Pocos años después, promulgó la Constitución *Episcopalis communio* (18-9-2018), que regula la institución del Sínodo. En ese documento se consagra un importante cambio de perspectiva, al transformar el Sínodo de los obispos de un evento puntual en un proceso. Hasta ahora, el Sínodo había sido un acontecimiento puntual, que

---

2. PAPA FRANCISCO, *Discurso 50 años del Sínodo de los obispos* (17-10-2015).

se desarrollaba en Roma durante unas semanas, generalmente en el mes de octubre. El Papa Francisco, respetando los objetivos señalados por Pablo VI, ha transformado la institución del Sínodo en un proceso, en el que desea involucrar a toda la Iglesia. En efecto, el Papa piensa que el Sínodo, si bien se configura como un organismo esencialmente episcopal, debe estar atento a lo que el Espíritu inspira al pueblo de Dios, porque el obispo no es solo maestro, sino también discípulo, que vive su fe y camina junto a este pueblo. Por eso, en la constitución del Sínodo, se dice que «es un instrumento apto para dar voz a todo el pueblo de Dios»[3].

Con el objetivo de favorecer esta nueva configuración del Sínodo, se establece en la Constitución *Episcopalis communio* que cada una de las Asambleas se desarrollará en tres fases o etapas. El Sínodo comienza con una **fase preparatoria**, que «tiene como finalidad la consulta del Pueblo de Dios sobre el tema de la Asamblea del Sínodo»[4]. Como ha dicho algún teólogo, se podría considerar que este primer momento es el de la *profecía*[5]. Se considera que esta etapa es fundamental, porque en ella participa todo el santo pueblo de Dios. «Es de gran importancia que, también en la preparación de las Asambleas sinodales, se cuide con especial atención la consulta a todas las iglesias particulares»[6]. En esta fase, son los obispos diocesanos los que tienen un papel protagonista, porque ellos son los encargados de realizar la consulta al pueblo de Dios y de remitir la aportación de su Iglesia particular al Sínodo, lo que se realiza generalmente a través de la Conferencia Episcopal.

---

3. PAPA FRANCISCO, Const. Ap. *Episcopalis communio* (18-9-2018), 6.

4. PAPA FRANCISCO, Const. Ap. *Episcopalis communio* (18-9-2018), art. 5, 2.

5. Sigo en estos calificativos a R. BLÁZQUEZ, *Una mirada desde Ávila*, BAC, Madrid 2023, pp. 69-72 y D. VITALI, «I sogetti della sinodalità alla luce dell'ecclesiologia del Concilio Vaticano II», en L. BALDISSERI (ed.), *A cinquanta anni dell'Apostolica sollicitudo*, Editrice Vaticana, Roma 2016, p. 175.

6. PAPA FRANCISCO, Const. Ap. *Episcopalis communio* (18-9-2018), 7.

Sin embargo, permanece el derecho de los fieles, de enviar libremente sus reflexiones a la Secretaría General del Sínodo.

La segunda **etapa** es la **celebrativa**. Es el momento de *discernimiento*. En ella se convoca en Asamblea a los obispos, si bien, como veremos en el capítulo siguiente, pueden ser convocados otros miembros del pueblo de Dios que no tienen el carácter episcopal (*munus episcopale*). El objetivo principal de la Asamblea es ponerse a la escucha del Espíritu Santo, para discernir lo que «dice a las Iglesias» (Ap 2,7). Por eso, las discusiones y debates en la Asamblea, deben ir acompañados siempre por una oración intensa, tanto personal como comunitaria.

Esta fase termina con la elaboración de un documento final, aprobado por los miembros de la Asamblea, el cual se presenta al Santo Padre, que decide sobre su publicación. En el caso de que sea aprobado por el Papa, entonces el documento «participa del Magisterio ordinario del sucesor de Pedro»[7]. Puede ser también que, en algún tema, el Papa hubiera concedido a la Asamblea la potestad deliberativa, es decir, la capacidad de decidir sobre la cuestión tratada. Entonces, el documento final pasa a formar parte del Magisterio ordinario, una vez ratificado y promulgado por el Papa.

Por último, cada sínodo debe contar con una **fase de implementación**, es decir, de acogida de las conclusiones sinodales, aceptadas por el Romano Pontífice. Es el momento de *actuación*. En esta fase también corresponde un protagonismo a las diócesis o iglesias particulares. Si el Sínodo comenzó escuchando al pueblo de Dios, ahora es preciso hacer llegar a ese pueblo la voz del Sínodo. Para esta fase de implementación resulta indispensable contar con los consejos y organismos de comunión que ya existen en nuestras iglesias particulares.

---

7. Papa Francisco, Const. Ap. *Episcopalis communio* (18-9-2018), art. 18, 1.

3. La fase preparatoria del Sínodo 2021-2024

La fase preparatoria del actual Sínodo se inició en Roma los días 9 y 10 de octubre de 2021. En la Misa de apertura el Santo Padre subrayó que «el sínodo es un camino de discernimiento espiritual, de discernimiento eclesial, que se realiza en la adoración, en la oración, en contacto con la Palabra de Dios»[8]. Esta llamada a vivir todo el proceso en un espíritu de oración resulta clave para entender este Sínodo, que es, principalmente, un acontecimiento espiritual.

Siguiendo las indicaciones del Papa, unos días después, el 17 de octubre, cada obispo abrió en su Diócesis la primera fase del proceso sinodal. Para ponerla en marcha en cada Diócesis se había nombrado un equipo sinodal y contábamos con dos documentos que guiaban todo el trabajo, el *Documento preparatorio* y el *Vademécum*[9].

El **primer momento** de la fase preparatoria fue el que se desarrolló en las Diócesis, donde se abrió un proceso de escucha dirigido a todas las personas. «El objetivo de esta fase diocesana —se decía en el *Vademécum*— es consultar al Pueblo de Dios para que el proceso sinodal se realice a través de la escucha de todos los bautizados. Al convocar este Sínodo, el Papa Francisco invita a todos los bautizados a participar en este proceso sinodal que comienza a nivel diocesano. Las diócesis están llamadas a tener en cuenta que los sujetos principales de esta experiencia sinodal son todos los bautizados»[10]. Con este fin, la mayor parte de las Diócesis españolas constituyeron

8. Papa Francisco, *Homilía en la Misa de apertura del Sínodo de los obispos* (10-10-2021).

9. Secretaría del Sínodo, *Documento preparatorio (septiembre 2021)*; Secretaría del Sínodo, *Vademécum para el Sínodo sobre la sinodalidad (septiembre 2021)*.

10. Secretaría del Sínodo, *Vademécum para el Sínodo sobre la sinodalidad*, 2.1.

grupos sinodales, en los que se fueron trabajando los temas que planteaba el documento preparatorio, respondiendo a una pregunta fundamental: «En una Iglesia sinodal, que anuncia el Evangelio, todos "caminan juntos": ¿Cómo se realiza hoy este "caminar juntos" en la propia Iglesia particular? ¿Qué pasos nos invita a dar el Espíritu para crecer en nuestro "caminar juntos"?».

Muchas Diócesis elaboraron materiales para facilitar el trabajo en grupo, mostrando una gran creatividad: se prepararon, entre otros, trípticos para la difusión, guías de trabajo y materiales adaptados a los niños y a los jóvenes. La mayoría de obispos se dirigieron a sus fieles, animándoles a participar en la consulta, escribiendo cartas pastorales o a través de los escritos en las hojas diocesanas.

Este momento fue importante y, para muchos, fue un manantial de esperanza sentirse escuchados. Esto fue muy valorado en la Asamblea General. Por ejemplo, en la Síntesis del círculo menor en el que participé, se decía: «Muchas personas se han sentido escuchadas, quizás por primera vez, por la Iglesia. Consideramos importante que la consulta se haya propuesto a la gran mayoría del Pueblo de Dios, aunque lamentamos no haber llegado siempre a todas las periferias, a los más jóvenes y a los cristianos de otras confesiones»[11]. Ciertamente, se escucharon muchas voces, aunque a todos nos hubiera gustado haber podido llegar a más personas.

Hemos de reconocer, sin embargo, que este primer momento no fue vivido con la misma intensidad en toda la Iglesia. Aunque prácticamente todas las Iglesias particulares se implicaron en el proceso, no todas lo hicieron con el mismo interés. Este Sínodo desde el principio contó con algunas

---

11. Grupo 22 ESP, Módulo A. Este sentimiento fue recogido también en la relación de Síntesis.

personas que se distanciaron del proceso, poniendo en duda, en ocasiones, su naturaleza y su finalidad. Por otra parte, en casi todos los lugares del mundo –como se constató en la Asamblea– se echó de menos una mayor implicación de los sacerdotes. Se esperaba una mayor participación sobre todo de los más jóvenes.

La fase diocesana de consulta concluyó con la elaboración de una Síntesis final de todas las aportaciones que, en general, fue encomendada al equipo sinodal diocesano. En la mayoría de diócesis se celebró también una Asamblea final de esta etapa, tal como se recomendaba en la guía de trabajo. En ella se presentó el resumen de los trabajos diocesanos. Yo viví esta etapa en la Diócesis de Solsona, donde convocamos la Asamblea Presinodal Diocesana el 7 de mayo de 2023, en la que participaron unas 130 personas, representantes de los diversos grupos que habían participado en la consulta. En un clima de oración, se presentó la Síntesis diocesana, que fue aprobada por los presentes con algunas enmiendas. En total, durante todo este proceso se habían constituido 89 grupos sinodales, sumando un total de 1.116 personas (aproximadamente un 1% de los cristianos de la Diócesis).

El **segundo momento** fue la presentación de la Síntesis nacional, que tuvo lugar en Madrid, en el Aula Pablo VI, el día 11 de junio de 2022. Participamos en esta Asamblea representantes de las diversas diócesis. Según los datos del equipo sinodal de la Conferencia Episcopal Española, en esta Asamblea participaron cerca de 600 personas, que representaban a las 220.000 que se habían implicado en el camino sinodal en toda España. Fue una mañana gozosa y festiva, en la que escuchamos el testimonio de algunas personas que participaron en esta fase y se expuso la síntesis de todas las aportaciones de la Iglesia en España. Los temas que tuvieron mayor incidencia en esta fase del proceso sinodal fueron el papel de los laicos, especialmente el de la mujer, en los órganos de responsabilidad y de decisión en la Iglesia; los abusos sexuales, de poder y de conciencia en la Iglesia, manifestando la necesidad de perdón, acompañamiento y reparación; y la necesidad de institucionalizar y potenciar los ministerios laicales. En las aportaciones de los grupos de trabajo se realizaban tres llamadas. La primera, a crecer en sinodalidad, lo que exige formación en sinodalidad, capacidad de acogida, escucha activa, comprensión, acompañamiento y discernimiento. La segunda llamada es a promover la participación de los laicos, empezando por definir los asuntos respecto de los cuales sus participaciones tienen carácter decisorio, especialmente en aquellos campos que son más propios de su vocación en el mundo. Finalmente, se llamaba a superar el clericalismo, compartiendo responsabilidades, lo que también implica, en ocasiones, vencer la pasividad y la falta de implicación de muchos fieles laicos en la edificación de la Iglesia.

Conviene subrayar que, para la Iglesia que peregrina en España, el proceso sinodal, con sus fortalezas y debilidades, ha sido un *kairós*, un tiempo de gracia, en el que todos los bautizados han ido creciendo en una mayor corresponsabilidad en la vida y misión de la Iglesia.

La fase preparatoria tuvo un **tercer momento**: la etapa continental. Durante los meses de febrero y marzo de 2023 se celebraron en todo el mundo siete Asambleas Continentales. Con este fin, la Secretaría del Sínodo recogió la síntesis de las aportaciones de todas las Iglesias del mundo en un Documento de trabajo para la Etapa continental (DEC), que tenía como título «Ensancha el espacio de tu tienda» (Is 54,2). Con la cita de este texto de Isaías se invitaba a considerar la Iglesia como espacio de encuentro, lugar de acogida, familia, casa y hogar para todos en su diversidad, sin excluir a nadie. El texto se centraba en tres cuestiones clave: 1) qué intuiciones, qué experiencias novedosas nos ha producido la lectura del documento en clave de oración y discernimiento; 2) cuáles son las tensiones creativas y las cuestiones e interrogantes que deberían abordarse en las próximas fases del Sínodo; 3) cuáles son las prioridades, los temas recurrentes y las llamadas de acción que han de ser compartidas con otras Iglesia particulares de cada continente y debatidas durante la primera sesión de la Asamblea Sinodal en octubre de 2023.

El Documento «Ensancha el espacio de tu tienda» fue enviado a las iglesias particulares, para que fuera trabajado. Sin embargo, se dispuso de poco tiempo para su discusión (entre noviembre de 2022 y enero de 2023) y, además, coincidía en buena parte con la Navidad. Todo ello provocó que disminuyera mucho la implicación de los grupos sinodales en esta fase de la consulta. En el caso de la Diócesis de Solsona, convocamos para la reflexión al equipo sinodal junto a los coordinadores de grupos sinodales en las doce unidades pastorales y, por otra parte, realizamos una sesión extraordinaria del consejo diocesano de pastoral. Con las respuestas obtenidas, el Equipo sinodal de la Conferencia Episcopal organizó un Encuentro en la sede de la Conferencia el día 28 de enero de 2023, con la participación de un número restringido de personas. En esta jornada de oración y reflexión, se presentó la síntesis de las aportaciones enviadas desde las Diócesis, que fue enriquecida con las aportaciones de los diez grupos de trabajo. El texto aprobado fue la aportación de la Iglesia de España a la Asamblea Continental Europea, que se desarrolló en febrero de 2023 en Praga.

Esta Asamblea se desarrolló en dos momentos: los primeros días (del 5 al 9 de febrero) participaron en la misma obispos, sacerdotes, diáconos y laicos; los últimos días (del 10 al 12 de febrero) tuvo lugar el encuentro de los obispos presidentes de las conferencias episcopales, con el fin de releer colegialmente la experiencia sinodal. Finalmente, se elaboró una Síntesis de la etapa continental europea y se entregó a la Secretaría del Sínodo. La Síntesis seguía el esquema que se iría imponiendo a lo largo del Sínodo: 1) La experiencia vivida en la Asamblea continental; 2) Las intuiciones, interrogantes y tensiones; 3) Perspectivas y prioridades.

El 31 de marzo de 2023 terminó la fase preparatoria del Sínodo, una vez celebradas las diversas Asambleas continentales, y comenzó a elaborarse el *Instrumentum laboris* para la Asamblea.

4. Los miembros de la Asamblea del Sínodo

A la XVI Asamblea del Sínodo fuimos convocadas 464 personas, si bien la Asamblea propiamente dicha estaba formada por 363 miembros. Debemos, por esto, distinguir, entre los miembros propiamente dichos de la Asamblea y otros participantes.

Los **miembros** de la Asamblea son siempre designados por el Papa y tienen voz y voto en la misma. De acuerdo con el Reglamento de la Asamblea, los miembros pueden ser nombrados por diversos motivos[12]. Por razón de su cargo (*ex officio*) toman parte en el Sínodo los jefes de los dicasterios de la curia romana y los jefes de las iglesias orientales católicas. El grupo más numeroso es el formado por los obispos elegidos por las diferentes conferencias episcopales (*ex electione*); en esta ocasión éramos 174. Otros proceden por designación (*ex designatione*), en concreto, cinco hombres y cinco mujeres a propuesta de la Unión General de Religiosos. Finalmente, se cuenta con un grupo de personas nombradas directamente

---

12. Segretaria Generale del Sinodo, *Regolamento della XVI Assemblea Generale ordinaria del sinodo dei vescovi*, art. 2 y 3.

por el Santo Padre (*ex nominatione pontificia*); en esta Asamblea fueron 50 personas.

Junto a los miembros de la Asamblea, había un amplio grupo de personas que participaban con voz, pero sin voto. Entre estos **otros participantes** se encontraban, en primer lugar, los delegados fraternos, que representaban a las diversas iglesias y comunidades eclesiales que no están en comunión plena con la Iglesia católica. Había también *invitados especiales*, es decir, algunas personas a las que se reconoce una autoridad y competencia especial en el tema de la Asamblea. Un grupo importante estaba compuesto por los *expertos* en teología y derecho canónico, que prestan su ayuda a los trabajos del Sínodo. Entre los expertos había un grupo de *facilitadores*, cuya misión era moderar y coordinar el trabajo de los círculos menores. Finalmente, participaron también en la Asamblea dos asistentes espirituales y un referente para la liturgia.

El Papa nombra también para cada Sínodo un Relator General, que es el que coordina la discusión sobre el tema de la Asamblea y la elaboración de los documentos que se someten a la decisión de la Asamblea. En este caso fue el cardenal Jean-Claude Hollerich, SJ, arzobispo de Luxemburgo.

La novedad de este Sínodo fue la participación de algunas personas que no eran obispos (sin el *munus episcopale*) como miembros de pleno derecho, es decir, con voz y voto. En anteriores Sínodos, algunos religiosos y laicos habían asistido y habían sido escuchados, pero carecían de derecho a voto. En esta ocasión, un 25 % de los miembros de la Asamblea no eran obispos (70 personas, de las cuales 54 eran mujeres religiosas o laicas). La presencia de miembros no obispos fue, sin duda, una riqueza, sobre todo, teniendo en cuenta que el tema de discusión era el caminar juntos todo el pueblo de Dios. Su presencia pretendía mostrar cómo se pueden coordinar la dimensión colegial de la Iglesia (la solicitud de los obispos) y la dimensión sinodal (la participación de todos). En la *Carta al Pueblo de Dios* que dirigió la Asamblea, se valoraba positivamente esta experiencia y se decía: «Juntos, en la complementariedad de nuestras vocaciones, de nuestros carismas y de nuestros ministerios, hemos escuchado intensamente la Palabra de Dios y la experiencia de los demás»[13].

La participación de miembros no obispos no estuvo, sin embargo, exenta de polémica. Por una parte, no quedaba claro en razón de qué estaban presentes algunas personas en el Sínodo. Mientras que la mayoría de obispos habían sido elegidos por sus conferencias episcopales, los sacerdotes, religiosos y, sobre todo, los laicos, habían sido designados directamente, sin conocerse ningún criterio objetivo ni de representación. Por eso, en la Síntesis final de la Asamblea se pide que sean aclarados «en base a qué criterios los miembros no obispos pueden ser llamados a formar parte de la Asamblea»[14]. Algunos tenían la sensación de que no había existido un criterio claro para nombrar estos miembros no obispos, dándose, por ejemplo, una sobrerepresentación de los religiosos y religiosas y echándose de menos mayor presencia de sacerdotes párrocos y catequistas.

5. Sobre el carácter episcopal de la Asamblea

La presencia como miembros de pleno derecho de personas no revestidas del *munus episcopale* provocó una segunda polémica, mucho más relevante, que afectaba al carácter mismo del Sínodo. En la tradición de la Iglesia, los Sínodos son un

---

13. XVI Asamblea General del Sínodo de los obispos, *Carta al pueblo de Dios* (25-10-2023).

14. XVI Asamblea del Sínodo de los obispos, *Informe de Síntesis*, 20, d.

ejercicio de colegialidad, que queda reservado a los obispos. Así se vive en las iglesias orientales, tanto católicas como no católicas, donde el sentido de la sinodalidad está muy presente. Un obispo oriental no católico presente en el Sínodo recordó con vehemencia que ellos no consideraban que una Asamblea con miembros religiosos y laicos fuera un Sínodo. Por eso, en la Síntesis se dice que «en las Iglesias Ortodoxas, la sinodalidad se entiende en sentido estricto como expresión del ejercicio colegial de la autoridad propia de los obispos (el Santo Sínodo)»[15].

Por eso, se escuchaban dudas sobre el carácter episcopal de la Asamblea. En el documento de Síntesis no se ocultan estas dificultades y se dice: «Permanece, sin embargo, abierta la pregunta sobre la incidencia de su presencia, como miembros de pleno derecho, sobre el carácter episcopal de la Asamblea. Algunos ven el riesgo de que no se comprenda adecuadamente la tarea específica de los obispos»[16]. De hecho, en el Sínodo se escucharon algunas propuestas alternativas. En la Síntesis se recoge, por ejemplo, la sugerencia de hacer una Asamblea eclesial (con participación amplia de todo el pueblo de Dios) seguida de una Asamblea episcopal para concluir el proceso de discernimiento[17].

Todo ello, provocó que la Secretaría del Sínodo emitiera una importante nota oficial subrayando el carácter episcopal de la Asamblea[18]. Se decía en la misma que la composición de la Asamblea había sido aprobada expresamente por el Papa, el cual puede convocar a miembros no obispos, de acuerdo con

---

15. XVI Asamblea del Sínodo de los obispos, *Informe de Síntesis*, 7, g.
16. XVI Asamblea del Sínodo de los obispos, *Informe de Síntesis*, 20, d.
17. Cf. XVI Asamblea del Sínodo de los obispos, *Informe de Síntesis*, 20, f.
18. Secretaría General del Sínodo de los obispos, *Nota sobre la naturaleza y la autoridad de la XVI Asamblea General del Sínodo de los obispos* (25-10-2023).

Episcopalis communio. Queriendo zanjar toda polémica, se afirma en la nota que «el carácter episcopal de la Asamblea no parece comprometido por la presencia de miembros no dotados del *munus* episcopal. Su presencia no cambia la naturaleza de la Asamblea, que es y permanece episcopal y no se configura en modo alguno como forma reconocida de representación del Pueblo de Dios». Se justificaba la presencia de miembros no obispos diciendo que era coherente con el carácter constitutivamente sinodal de la Iglesia y se decía que «su presencia es memoria de un proceso de escucha y discernimiento que ha involucrado al Pueblo santo de Dios, sujeto del *sensus fidei*». La legitimidad y autoridad de la Asamblea –se repetía– no es cuestionada ni disminuida por la presencia de hermanas y hermanos no dotados del *munus* episcopal. «Esta es y sigue siendo la autoridad de una Asamblea de obispos convocados a Roma por el Sucesor de Pedro para ofrecer su consejo sobre el tema por él indicado».

En el Concilio Vaticano II se utiliza una expresión básica para entender la sinodalidad. En el decreto sobre la revelación divina se habla de la «*singularis antistitum et fidelium conspiratio*»[19], es decir, la maravillosa concordia de pastores y fieles en conservar, practicar y profesar la fe recibida. Como ha escrito D. Ricardo Blázquez, «con el cambio que implica la incorporación de todos al proceso sinodal, el mismo nombre podría cambiar, de Sínodo de los obispos a Sínodo de la Iglesia, reconociendo el significado singular de la Asamblea de los obispos»[20]. Un paso en esta dirección se habría dado en la Constitución Apostólica *Praedicate evangelium* (19-3-2022), sobre la Curia romana, cuyo artículo 33 habla del «Sínodo» y, deliberadamente, suprime la palabra «de los obispos». Con

---

19. Concilio Vaticano II, Const. Dogm. *Dei verbum*, 10.
20. R. Blázquez, *Una mirada desde Ávila*, BAC, Madrid 2023, pp. 68-69.

ello parece ratificarse la tendencia a abrir el Sínodo a todo el pueblo de Dios. Lo cierto es que todo ello está reclamando una profundización teológica en el modo en que se puede articular la sinodalidad, la colegialidad y el primado del Papa, es decir, la participación de todo el pueblo de Dios, el ministerio propio de los obispos y el servicio a la comunión que realiza el Papa. En el documento de la Comisión Teológica Internacional sobre la sinodalidad, se decía que toda auténtica manifestación de sinodalidad exige, por su naturaleza, el ejercicio del ministerio episcopal de los obispos[21]. Y se indica que no debe separarse la función de los fieles y la de los pastores: no debe existir separación, sino distinción de competencias. Todos los fieles contribuyen en el proceso de tomar decisiones para la vida de la Iglesia, pero corresponde a los pastores formular las decisiones.

Sin embargo, queda pendiente definir mejor cómo debe articularse la sinodalidad y colegialidad. La Asamblea del Sínodo, en su síntesis, invita a profundizar en esta cuestión «distinguiendo (sin indebidas separaciones) la aportación de todos los miembros del Pueblo de Dios a la elaboración de las decisiones y la tarea específica ce los obispos». Y se añade: «La articulación de sinodalidad, colegialidad, primado no hay que interpretarla de forma estática o lineal, sino desde una circularidad dinámica, en una corresponsabilidad diferenciada»[22].

---

21. Cf. COMISIÓN TEOLÓGICA INTERNACIONAL, *La sinodalidad en la vida y en la misión de la Iglesia* (2018), n. 6.
22. XVI ASAMBLEA DEL SÍNODO DE LOS OBISPOS, *Informe de Síntesis*, 20, e.

6. El carácter consultivo de la Asamblea

El Sínodo tiene la autoridad de una Asamblea consultiva, a la que el Santo Padre ha pedido pronunciarse sobre un determinado tema. El carácter consultivo no disminuye la importancia de la Asamblea. Como escribió San Juan Pablo II a propósito del Sínodo, «en la Iglesia el objetivo de cualquier órgano colegial, sea consultivo o deliberativo, es siempre la búsqueda de la verdad o del bien de la Iglesia. Además, cuando se trata de verificar la fe misma, el *consensus Ecclesiae* no se da por el cómputo de votos, sino que es resultado de la acción del Espíritu, alma de la única Iglesia de Cristo»[23]. Por eso, en otro discurso, Juan Pablo II dijo que el voto de los Padres, «si es moralmente unánime, comporta un peso eclesial peculiar que supera el aspecto simplemente formal del voto consultivo»[24], palabras recogidas en la actual constitución apostólica sobre el Sínodo.

El Papa Francisco insiste con frecuencia en que el Sínodo no es un parlamento. No se trata tampoco de recoger opiniones ni de realizar una encuesta, sino de «escuchar la voz de Dios, de captar su presencia, de interceptar su paso y su soplo de vida»[25]. «El Sínodo —dice— no es un parlamento, el Sínodo no es un sondeo de las opiniones; el Sínodo es un momento eclesial, y el protagonista del Sínodo es el Espíritu Santo. Si no está el Espíritu, no habrá Sínodo»[26]. Por eso, más allá del carácter consultivo de la Asamblea, se trata, sobre todo, de escuchar juntos lo que el Espíritu dice a nuestra Iglesia.

---

23. S. Juan Pablo II, Ex. Ap. *Pastores gregis*, 58.

24. S. Juan Pablo II, *Discurso al consejo de la secretaría general del Sínodo de los obispos* (30-4-1983). Citado en Papa Francisco, Const. Ap. *Episcopalis communio* (18-9-2018), 7.

25. Papa Francisco, *Discurso a los fieles de la Diócesis de Roma* (10-9-2021).

26. Papa Francisco, *Discurso en el momento de reflexión para el inicio del proceso sinodal* (9-10-2021).

~ CAPÍTULO 2 ~

LA DINÁMICA DE LA XVI ASAMBLEA GENERAL DEL SÍNODO

Pasamos en este capítulo a explicar la dinámica de la Asamblea General que celebramos en octubre de 2023. Vale la pena explicar cómo se desarrolló la Asamblea y cuál era su método de trabajo. A partir del próximo capítulo entraremos ya a exponer los temas centrales del Sínodo.

1. EL *INSTRUMENTUM LABORIS* DE LA XVI ASAMBLEA

El documento conocido como *Instrumentum laboris* es la guía del trabajo del Sínodo, que marca los temas que deben ser tratados por la Asamblea. El *Instrumentum laboris* del presente sínodo fue elaborado sobre la base de todo el material recogido en la fase de escucha y, en particular, los documentos finales de las Asambleas continentales. Constituye una herramienta de trabajo y una ayuda práctica para el desarrollo de la Asamblea General. En él se recogen las prioridades surgidas de la escucha del pueblo de Dios y se articulan en forma de preguntas, que se dirigen a la Asamblea. Fue deseo de la Secretaría del Sínodo hacer llegar también el *Instrumentum laboris* a las Iglesias particulares, para recoger sus observaciones. Es preciso reconocer que fueron pocas las aportaciones que pudieron hacerse, dado que se contaba con unos plazos muy breves de tiempo y que, además, coincidían con el verano (en el hemisferio norte), tiempo en que decae la actividad pastoral de nuestras parroquias.

El *Instrumentum laboris* se estructuraba en dos secciones. La primera sección enumera una serie de características fundamentales o señas de identidad de una Iglesia sinodal. Se invita a la Asamblea a reflexionar sobre ellas para precisarlas y afinarlas. Destaca especialmente la conciencia de que una Iglesia sinodal se funda en el reconocimiento de la dignidad común que deriva del bautismo, que hace de quienes lo reciben hijos e hijas de Dios, miembros de su familia y, por tanto, hermanos y hermanas en Cristo, habitados por el único Espíritu y enviados a cumplir una misión común.

La sección segunda, titulada «Comunión, misión, participación», expresa en forma de preguntas las tres prioridades que surgen con más fuerza del trabajo en todos los continentes, sometiéndolas al discernimiento de la Asamblea. Al servicio de la dinámica de la Asamblea, en particular del trabajo en grupo (llamados *circuli minores*), se proponen cinco fichas de trabajo para cada una de estas tres prioridades, lo que permite abordarlas desde diferentes perspectivas. Cada miembro del Sínodo debía elegir en cuál de los temas propuestos en las diferentes fichas de trabajo deseaba participar.

2. La vigilia ecuménica y el retiro espiritual de Sacrofano

El Sínodo se inició con dos acontecimientos que marcaron de manera decisiva su desarrollo posterior: la vigilia ecuménica «*Together*» y los tres días de retiro espiritual. Comenzar el Sínodo con una vigilia de oración presidida por el Santo Padre en la plaza de San Pedro, en la que tomaron parte líderes religiosos de las diferentes iglesias, supuso que la sensibilidad y el acento ecuménico iba a estar presente durante todo el Sínodo. El discurso que el Papa dirigió a los presentes resultó, de alguna manera, sorprendente, porque no se detuvo a explicar lo que significaba el ecumenismo sino que habló de la importancia de la oración y, específicamente, del silencio en el camino ecuménico. La unidad entre nosotros no es fruto de nuestros esfuerzos, sino un don. «El silencio hecho oración –dijo– nos permite acoger el don de la unidad "como Cristo la quiere", "con los medios que Él quiere", no como fruto autónomo de nuestros propios esfuerzos y según criterios puramente humanos»[1]. Por eso, invitaba a «aprender a hacer silencio nuevamente», para escuchar la voz del Padre, la llamada de Jesús y el gemido del Espíritu. Fue impresionante recibir la bendición final de la vigilia, que fue impartida por el Papa Francisco junto a doce líderes de diversas iglesias y confesiones cristianas. Posteriormente, los delegados fraternos de diferentes comunidades cristianas estuvieron presentes en el Sínodo, participando activamente tanto en los círculos menores como en las congregaciones generales, gozando de voz, aunque no de voto. Su palabra fue escuchada y apreciada en las congregaciones, en las que pudieron intervenir con total libertad.

El segundo acontecimiento previo al inicio del Sínodo fue el retiro espiritual de tres días en la casa *Fraterna domus* de Sacrofano. Comenzar el Sínodo con unos días de silencio y de convivencia entre los participantes, marcó el clima que se vivió, que fue un ambiente de oración y de fraternidad. Durante estos días escuchamos las meditaciones que cada mañana nos ofrecía el P. Timothy Radcliffe, OP. También tuvimos el gozo de escuchar las profundas reflexiones que ofrecía la M. Maria

---

1. Papa Francisco, *Homilía en la vigilia ecuménica de oración* (30-9-2023).

Grazia Angellini, OSB, cada mañana en la oración de laudes y cada tarde antes de celebrar la Eucaristía.

Las meditaciones del P. Radcliffe querían propiciar el ambiente de escucha necesario para vivir el Sínodo. Por eso, invitaba constantemente a escuchar al Señor y escucharnos unos a otros, sin miedos ni rivalidades y, también, a superar la presión de los medios de comunicación social, que se limitaban a subrayar algunos temas espinosos. Nos animó a ser sinceros sobre nuestras convicciones, pero también sobre nuestras dudas y sobre las cosas para las que no tenemos respuestas claras. Nos alentaba también a decir la verdad sin que la persona que la escucha se sienta amenazada, uniendo la verdad al amor. Y, sobre todo, a dejar «que el Espíritu Santo obre creativamente en medio de nosotros con nuevos modos de ser Iglesia que ahora no somos capaces de imaginar»[2].

Por su parte, la M. Angellini nos introducía en el significado de la liturgia, comentando lo que significa bendecir a Dios, el sentido del *Benedictus* y del *Magnificat* (y remarcando que entre estos dos cánticos transcurre nuestro día). Del Sínodo, decía, ha de salir una bendición. La razón calculadora quiere dominarlo todo y no sabe bendecir, pero el creyente bendice a Dios cada día en el silencio y, de esta manera, restituye el alma en el tiempo del ultratiempo. La profundidad y belleza de sus meditaciones nos ayudó a vivir con intensidad aquello que estábamos celebrando.

Durante el retiro de Sacrofano aprendimos también el método de la *conversación espiritual (o en el Espíritu)*. El tema fue introducido por el prestigioso teólogo Piero Coda y por otros ponentes, que explicaron su dinámica. Cada tarde, en grupos pequeños, comenzamos a practicar este método, reflexionando

---

2. T. Radcliffe, «*Ascoltatelo!*» *Per una spiritualità sinodale*, Editrice Vaticana, Vaticano 2023, p. 115.

sobre los temas de la mañana. Fue una experiencia gozosa, que nos ayudó mucho en el desarrollo posterior de la Asamblea.

El retiro de Sacrofano fue también una oportunidad para convivir entre nosotros. Era hermoso poder compartir mesa en las comidas con otros obispos, con religiosos o laicos y laicas de diferentes partes del mundo y conocer sus historias y sus expectativas. Este tiempo de oración, de reflexión y también de convivencia, fue muy adecuado para crear el clima espiritual que dominó en el Sínodo.

3. LAS CONGREGACIONES GENERALES Y LOS CÍRCULOS MENORES

Las sesiones de trabajo del Sínodo se dividen en círculos menores (grupos de trabajo) y congregaciones generales (sesiones plenarias). Los **círculos menores** son grupos de trabajo formados por 10/12 personas que comparten una misma lengua y que trabajan alguno de los temas propuestos en el *Instrumentum laboris*, que es la guía de trabajo del Sínodo. Participan en estos círculos los miembros de pleno derecho del Sínodo y también toman parte, con voz pero sin voto, los invitados especiales y los representantes de otras iglesias. Cada círculo menor cuenta con un *facilitador*, designado por la secretaría del Sínodo, cuya función es moderar las sesiones y dar las indicaciones para aplicar el método de trabajo, que es la *conversación en el Espíritu*. También cuenta con un *secretario*, nombrado por la Secretaría del Sínodo y con un *relator*, que es elegido por los miembros del grupo de entre ellos. Con el fin de favorecer el intercambio entre los miembros del Sínodo, para cada tema o módulo se constituía un nuevo círculo menor, de manera que a lo largo de la Asamblea participamos en cuatro círculos distintos. Durante la última semana, en los círculos menores se estudiaron los documentos de carta al pueblo de Dios y la Síntesis, presentando enmiendas (*modi*) a la misma. En este Sínodo se constituyeron 35 grupos: 14 de habla inglesa; 8 de habla italiana; 7 de habla española; 5 de habla francesa y 1 de habla portuguesa.

La configuración del aula Pablo VI, con la distribución de las mesas redondas, ponía de manifiesto que entre nosotros existía una clara igualdad porque nadie ocupaba un lugar preferente. En la Asamblea se comentó que esta disposición resultaba sugerente porque recordaba un banquete de bodas, que es una imagen bíblica de la Eucaristía, fuente y culmen de la sinodalidad[3].

Las **congregaciones generales** sirven para preparar el trabajo sobre un tema, para exponer las conclusiones y para revisar y aprobar los documentos del Sínodo. El Papa asiste generalmente a estas congregaciones generales e interviene en ocasiones, manifestando su parecer sobre algún tema. Antes de entrar al tratamiento de un tema, se escucha la presentación que hace el relator general (*relatio*), una meditación, una reflexión teológica y algunos testimonios. Una vez tratado el tema en los círculos menores, se exponen las síntesis de los trabajos de cada grupo y se deja un tiempo para intervenciones libres. En la última semana, se presentan los documentos conclusivos del Sínodo para su aprobación. Durante este Sínodo se celebraron veinte congregaciones generales. Conviene dejar constancia de que el trabajo en estas congregaciones estuvo siempre acompañado por momentos de plegaria. De hecho, cada tres o cuatro intervenciones, se dejaban unos minutos de silencio, para interiorizar lo que se había dicho.

El ritmo de trabajo durante las tres primeras semanas fue el siguiente: primero nos reuníamos en congregación general

---

3. Cf. XVI Asamblea del Sínodo de los obispos, *Informe de Síntesis*, 1, c.

para escuchar la presentación del tema; después nos reuníamos en círculos menores para tratar la cuestión, haciendo tres rondas, según el método de la conversación espiritual, que concluye con una síntesis breve, que aprobamos; seguidamente escuchábamos en congregación general todas las síntesis, leíamos las nuestra y escuchábamos las intervenciones libres; entonces volvíamos a la primera síntesis y la repasábamos a la luz de lo escuchado. Concluíamos presentando una síntesis más amplia (dos folios), que había de ser votada, aprobada y firmada por el relator. Sobre esas síntesis se elaboró el documento final.

El hecho de que cada vez que comenzábamos la reflexión de un módulo del *Instrumentum laboris* cambiásemos de grupo significó también una gran riqueza, porque permitía conocer y compartir con un mayor número de personas. Estuve en cuatro grupos diferentes y he de decir que la experiencia de diálogo sereno entre nosotros fue extraordinaria. No encontré posiciones extremas ni mi sentí incómodo en ningún momento. Fueron días de escuchar y compartir, desde el amor a la Iglesia y el deseo de hacerla crecer en la comunión. En tres ocasiones, además, fui elegido como *relator* del grupo, con el encargo de elaborar la síntesis de los trabajos y de presentarla en la Asamblea. He de confesar que no fue una tarea demasiado complicada, porque en todos los círculos en que participé, había acuerdo sobre los asuntos fundamentales.

4. El método de la conversación espiritual

Una peculiaridad de este Sínodo ha sido el método que se ha utilizado en las reuniones de los círculos menores, el método de la conversación espiritual o conversación en el Espíritu. Es un método vinculado a la tradición ignaciana y promovido particularmente por los jesuitas. Su objetivo es prepararnos interiormente para ponernos en situación de escucha del Otro y de los demás.

En ese método se dan tres pasos (o tres rondas de conversación). Comienza con la invocación al Espíritu Santo para que ayude en la reflexión. A continuación. se lee la Palabra de Dios y se deja un tiempo para interiorizarla.

Se inicia entonces la primera fase de aportaciones en la que cada miembro del grupo compartimos durante cuatro minutos nuestra reflexión sobre el tema planteado. Se recomienda traer escrita la reflexión. Después de cada intervención dejamos un tiempo de silencio para abrirnos a la escucha del otro.

En un segundo momento, vamos señalando lo que más nos ha conmovido de lo escuchado. Lo hacemos en un clima de atención y de comunión. Señalamos las divergencias, las nuevas preguntas suscitadas.

Finalmente intentamos identificar los puntos clave y discernir una respuesta común y consensuada a la cuestión planteada, intentando responder a la pregunta: «¿Qué pasos nos llama el Espíritu Santo a dar juntos?». En el trabajo de los círculos, el relator iba realizando una síntesis que, con la aprobación de todos, se presentaba después en la congregación general.

Finaliza la sesión con una oración de alabanza a Dios y de gratitud a Él y a los hermanos por la experiencia que hemos compartido.

Este método pretende crear el clima espiritual adecuado para el discernimiento. Con él, se evita toda similitud del Síno-do con un parlamento o en un debate televisivo. Como decía el Papa en la Misa de inauguración, «los momentos de oración son los más fructuosos del Sínodo, también el ambiente de oración, por el que el Señor obra en nosotros. Abrámonos e invoquemos al Espíritu Santo, Él es el protagonista. ¡Dejemos que el protagonista del Sínodo sea Él! Y caminemos con Él, con confianza y alegría»[4].

El método de la conversación espiritual fue muy bien valorado por nosotros y así se reconoce, por ejemplo, en la *Carta al Pueblo de Dios*: «Utilizando el método de la conversación en el Espíritu, hemos compartido con humildad las riquezas y las pobrezas de nuestras comunidades en todos los continentes, tratando de discernir lo que el Espíritu Santo quiere decir a la Iglesia hoy»; «su práctica –se dice en la Síntesis– ha producido alegría, estupor y gratitud y ha sido vivida como un camino de renovación que transforma a los individuos, a los grupos y a la Iglesia»[5].

Sin embargo, también se pusieron de relieve las deficiencias de este método. En el documento de Síntesis se señalan tres defectos del método de la *conversación espiritual*. El primero es el peligro de subjetivismo, porque en el proceso se pregunta reiteradamente qué se ha sentido, qué se ha experimentado o qué ha resonado más en el corazón. Afrontar determinados temas con este método puede conducir a centrarse demasiado en las emociones y sentimientos. Un segundo defecto es que falta una presencia más clara de la Palabra de Dios, como iluminación de nuestras percepciones. La Palabra de Dios debería ser criterio y referencia constante para afrontar los temas que se discuten. Finalmente, se señalaba también que en este método falta la conexión con las aportaciones del pensamiento teológico y de las ciencias humanas y sociales.

Por todo ello, se señala la conveniencia de completar la conversación espiritual con otros métodos que ayuden a discernir, como el *ver-juzgar-actuar*, el *reconocer-interpretar-elegir* (recogido en *Evangelii gaudium* 51) o la *lectio divina*. En la

---

4. PAPA FRANCISCO, *Homilía de apertura del Sínodo* (4-10-2023).
5. XVI ASAMBLEA DEL SÍNODO DE LOS OBISPOS, *Informe de Síntesis*, 2, d.

Síntesis se dice que «la conversación en el Espíritu Santo es un instrumento que, a pesar de sus limitaciones, resulta fecundo para permitir una escucha auténtica y para discernir lo que el Espíritu dice a las Iglesias»[6]. Pero, al mismo tiempo se propone servirse de «otros modelos de discernimiento eclesial», que están presentes en la tradición de la Iglesia[7].

5. EL RITMO DE TRABAJO DEL SÍNODO

Durante el Sínodo fuimos trabajando los temas presentados en el *Instrumentum laboris*. Cada vez que se abría un tema, comenzábamos con una solemne celebración de la Eucaristía en el altar de la Cátedra de la Basílica de San Pedro. Después escuchábamos las introducciones al tema por parte del relator, los teólogos y los referentes espirituales.

Los primeros días del Sínodo los dedicamos a la primera parte del *Instrumentum laboris*, comentando la experiencia que habíamos vivido y señalando cómo pensábamos que había de ser una Iglesia sinodal. Trabajamos el tema en los círculos menores y después se fue exponiendo en la Asamblea. Se escucharon en el aula hermosas reflexiones sobre la necesidad de propiciar una *cultura sinodal*, sobre la importancia de formarnos para vivirla y sobre la Eucaristía como fuente de la sinodalidad.

Después, comenzamos a tratar los tres temas claves que concretan esta sinodalidad: la comunión, la misión y la participación. Para abordar estos temas nos dividimos en grupos organizados por lengua y por preferencia temática, porque cada uno de estos grandes temas se desplegaba en

---

6. XVI ASAMBLEA DEL SÍNODO DE LOS OBISPOS, *Informe de Síntesis*, 2, d
7. XVI ASAMBLEA DEL SÍNODO DE LOS OBISPOS, *Informe de Síntesis*, 2, h y j

cinco fichas de trabajo. En el primer tema –«Una comunión que se irradia»– trabajé en un grupo que reflexionaba sobre el aspecto ecuménico de la sinodalidad, subrayando que el camino lo tenemos que hacer junto a los cristianos de otras confesiones.

Seguidamente entramos en el tema de ser «Corresponsables en la misión». En mi grupo nos ocupamos de la relación entre el ministerio ordenado y los ministerios bautismales en una perspectiva misionera. Deseamos promover en nuestra Iglesia formas concretas de corresponsabilidad, lo que nos lleva a plantearnos cuál es el papel de los obispos y sacerdotes dentro del único pueblo de Dios, un pueblo que es todo él ministerial.

Finalmente, trabajamos el tema de la «Participación, responsabilidad y autoridad». La pregunta general que nos formulamos es qué procesos, estructuras e instituciones son necesarios en una iglesia sinodal misionera. En mi grupo tratamos sobre qué conviene hacer respecto a las instituciones que implican a diversas iglesias locales (arquidiócesis, conferencias episcopales, etc.)

La última semana del Sínodo se dedicó al estudio de la propuesta de Síntesis. Previamente se constituyó una Comisión para la redacción del documento final, compuesta por diversos miembros nombrados por el Santo Padre y siete miembros elegidos por la Asamblea. En primer lugar, se presentó un primer borrador de síntesis, sobre el que los círculos menores pudieron presentar enmiendas. Después se presentó un segundo texto, que fue votado párrafo por párrafo por la Asamblea, debiendo obtener una mayoría de dos tercios para ser aprobado, como así resultó.

Conviene subrayar que el documento de Síntesis, que se titula *Una Iglesia sinodal en misión*, no repite ni reitera los contenidos del *Instrumentum laboris*, sino que relanza los temas que fueron considerados prioritarios sobre la comunión, misión y participación. Por otra parte, no se trata en modo alguno de un documento final y definitivo, sino de un instrumento o ayuda para servicio del discernimiento, que todavía debe continuar hasta la segunda sesión de octubre de 2024.

6. El Sínodo, un acontecimiento espiritual de escucha y discernimiento

He explicado los aspectos organizativos, pero todo esto no son sino medios para un fin, que en el caso de este Sínodo era descubrir qué pasos nos invitaba a dar el Espíritu para crecer como Iglesia sinodal. Por eso, conviene subrayar que el Sínodo es, sobre todo, un acontecimiento espiritual. No tiene nada que ver con un parlamento ni con otros ámbitos de discusión y debate de temas. El Sínodo es, sobre todo, un acontecimiento de plegaria y de escucha de lo que el Espíritu pide a nuestra Iglesia. Los momentos de silencio que acompañaban todas nuestras reflexiones e intervenciones durante el Sínodo, favorecieron esta actitud de escucha. Es significativo que tanto en el discurso del inicio del proceso sinodal como en la homilía el Papa Francisco hablara de la importancia de la adoración: «adorar, dar espacio a la adoración, a lo que el Espíritu quiere decir a la Iglesia»[8].

El Sínodo es un proceso de discernimiento comunitario, que se realiza en la escucha de la Palabra de Dios y en la oración. El discernimiento parte del convencimiento de que Dios sigue hablando y actuando en la historia y, por eso, nosotros tenemos que escuchar lo que dice.

---

8. Papa Francisco, *Homilía en la Santa Misa para la apertura del Sínodo de los obispos* (10-10-2021).

Mi experiencia es también que todos los participantes han actuado con total libertad. El Papa quiso desde el principio dar libertad de palabra en el Sínodo y así ha sido. No le asusta el debate intenso. Cada uno ha hablado de lo que ha querido, sin restricciones. Creo que esto es una gracia. En el discurso inicial el Papa nos invitaba a hablar con libertad y nos decía: «La expresión de la sinodalidad aún no está madura. Recuerdo que fui secretario en uno de estos Sínodos, y el Cardenal Secretario —buen misionero belga, muy bueno— cuando yo preparaba lo necesario para las votaciones venía a mirar: "¿Qué estás haciendo?". "Lo que se tiene que votar mañana". "¿Qué es? No, esto no se vota". "Oiga, pero es sinodal". "No, no, esto no se vota". Porque todavía no teníamos la costumbre de que cada uno debe expresarse libremente. Y así, lentamente, a lo largo de estos casi 60 años, el camino ha ido en esta dirección, y hoy podemos llegar a este Sínodo sobre la sinodalidad»[9]. También en la apertura de la anterior Asamblea, Francisco había subrayado que el Sínodo es un tiempo para «hablar con valentía y *parresia*, es decir integrando *libertad, verdad y caridad*. Solo el diálogo nos hace crecer. Una crítica honesta y transparente es constructiva y útil, mientras que no lo son la vana palabrería, los rumores, las sospechas o los prejuicios»[10].

7. La desinformación sobre el Sínodo

Hemos de ser conscientes de que, desde que fue convocado, ha habido una fuerte manipulación de todas las informaciones que se referían al Sínodo. Quizás por eso, se pidió a los

---

9. Papa Francisco, *Discurso en la Primera congregación general* (4-10-2023).
10. Papa Francisco, *Discurso de apertura de la XV Asamblea General ordinaria del Sínodo de los obispos* (3-10-2018).

miembros del Sínodo que no se hicieran declaraciones públicas durante el Sínodo y se dejara la información en manos del Dicasterio para la comunicación.

Tengo la sensación de que ha habido mucha desinformación sobre este Sínodo. En la primera meditación que nos dirigió el P. Radcliffe decía, con razón: «Algunos de nosotros tienen miedo de este viaje y de lo que espera. Unos esperan que la Iglesia cambie radicalmente, que tomemos decisiones radicales, por ejemplo, en relación al papel de las mujeres en la Iglesia. Otros tienen miedo precisamente de estos cambios y temen que supongan división e incluso cisma. Algunos incluso preferirían no haber estado aquí»[11]. Había desconfianzas y miedos y también presiones de algunos medios de comunicación, que solo se interesaban por cuatro o cinco cuestiones más polémicas, que ciertamente estaban en su agenda, pero no eran centrales en el Sínodo.

Ha habido, en mi opinión, dos grandes enemigos de este Sínodo: los que, desde el principio, lo despreciaron y minusvaloraron y los que promovían y esperaban un cambio radical en la Iglesia.

Por un lado, están los grupos más *integristas*, que temen que el proceso abierto por el Papa ponga en cuestión la fe de la Iglesia. En el fondo, denotan una gran inseguridad, pues tienen miedo a confrontar su fe con los demás y a escuchar las objeciones que provienen del pensamiento actual. Durante todo el Sínodo hemos tenido que escuchar informaciones manipuladas y exageraciones, por ejemplo, sobre los miembros que faltaban o sobre lo que se decía en el Sínodo. Yo mismo recibí algunos mensajes diciendo: «ruego para que os

---

11. T. Radcliffe, *«Ascoltatelo!» Per una spiritualità sinodale*, Editrice Vaticana, Vaticano 2023, p. 10. Este libro recoge las meditaciones pronunciadas en el retiro de Sacrofano (1-3 octubre 2023).

mantengáis fieles a la fe de la Iglesia» o «pido que mantengáis el depósito de la fe». Plantear cuestiones, hacerse preguntas no es poner en cuestión la fe. Se han dicho cosas groseras y se han realizado descalificaciones graves desde ámbitos que se llaman cristianos, pero que constantemente ponen en cuestión la autoridad de *este* Papa. En un blog, que prefiero no citar, leí que el resultado del Sínodo estaba «compuesto de panteísmo ecológico, sincretismo, neopaganismo, cientificismo, transgénero, humanismo secular, relativismo y, sobre todo, marginación definitiva de la Tradición, la Escritura y el Magisterio». Nada que ver con la realidad. Lo que yo encontré son obispos muy fieles a la fe de la Iglesia, amantes de la Tradición, y también laicos y religiosos que desean vivir su fe y crecer como evangelizadores.

También por parte de los grupos más *progresistas* se ha manipulado la información sobre el Sínodo desde el principio, intentando presentarlo como una revolución, creando unas expectativas que era imposible cumplir, porque no olvidemos que el Sínodo tiene solo carácter consultivo y no es un órgano de decisión sobre cuestiones dogmáticas. En la nota de la Secretaría del Sínodo, que he mencionado anteriormente, se decía: «Esta es y sigue siendo la autoridad de una Asamblea de obispos convocados a Roma por el Sucesor de Pedro para ofrecer su consejo sobre el tema por él indicado». Sin embargo, algunos grupos y personas declaraban públicamente que se aprobaría el matrimonio homosexual, se eliminaría el celibato obligatorio o se admitiría a las mujeres a las órdenes sagradas. En mi opinión, estos grupos también han pretendido manipular el Sínodo.

Lo vivido en el Sínodo, como vengo diciendo, es muy diferente. El ambiente era sereno, de comunión, de respeto. Nos decía sabiamente el P. Radclife: «La cultura global de nuestro tiempo es a menudo polarizada, agresiva y despreciativa de las opiniones ajenas. El grito es: ¿De qué lado estás? Cuando volvamos a casa, la gente nos preguntará: "¿Luchasteis por nuestro bando? ¿Os opusisteis a esa gente poco ilustrada?". Tendremos que rezar profundamente para resistir la tentación de sucumbir a esta forma de pensar partidista. Eso sería volver a caer en el lenguaje estéril de gran parte de nuestra sociedad. No es el camino sinodal. El proceso sinodal es más orgánico y ecológico que competitivo. Se parece más a plantar un árbol que a ganar una batalla, y como tal será difícil de entender para muchos, ¡a veces incluso para nosotros mismos!»[12].

En mi opinión, en el Sínodo hubo un momento muy lúcido cuando un teólogo australiano, Ormond Rush, habló de lo que es la Tradición en la Iglesia, a la luz de la doctrina de *Dei verbum*[13]. Explicó con claridad que la Tradición debe entenderse de manera dinámica, porque, ella progresa en la Iglesia con la ayuda del Espíritu Santo, como dijo el Concilio. El *depósito de la fe* no puede considerarse una realidad estática, porque «Dios, que habló en el pasado, continúa dialogando con la esposa de su amado Hijo [la Iglesia]»[14]. Quienes desprecian el Sínodo sostienen, según mi parecer, un concepto estático de la Tradición, que entienden como algo inamovible, y temen cualquier intento de hacer actual la escucha de la Palabra de Dios. En el lado opuesto están aquellos que promueven una ruptura con esta Tradición, librando batallas ideológicas y –como dijo el Papa en la apertura– dejando que el mundo dicte su agenda. Pero, como se decía en la carta al pueblo de Dios, en el Sínodo «no se trata de una ideología, sino de una experiencia arraigada en la Tradición Apostólica».

---

12. T. Radcliffe, *Aportación espiritual: la semilla germina* (23-10-2023).
13. O. Rush, *Presentación: el informe de Síntesis* (23-10-2023).
14. Concilio Vaticano II, Const. Dogm. *Dei verbum*, 8.

~ CAPÍTULO 3 ~

HACIA UNA IGLESIA MÁS SINODAL

Siguiendo el documento de Síntesis de los trabajos de la Asamblea y mi propia experiencia, expondré las ideas principales sobre la sinodalidad, que fue el tema propuesto por el Papa para este Sínodo.

1. LA SINODALIDAD COMO TEMA DE UN SÍNODO

La experiencia vivida por la Iglesia desde el Concilio Vaticano II le ha llevado a descubrir que el *caminar juntos*, el hacer sínodo, es una categoría clave para entender su ser y su actuar. Como recuerda el documento de la Comisión Teológica Internacional, *La sinodalidad en la vida y misión de la Iglesia*, el concepto de sinodalidad no se encuentra explícitamente en la enseñanza del Concilio Vaticano II, si bien está en el corazón de su obra de renovación[1]. Sin embargo, la diversidad y amplitud de experiencia sinodales, iniciadas por San Pablo VI y continuadas y ampliadas por San Juan Pablo II, condujo a que

---

1. Cf. COMISIÓN TEOLÓGICA INTERNACIONAL, *La sinodalidad en la vida y en la misión de la Iglesia* (2018), n. 6.

en el umbral del tercer milenio la sinodalidad se convirtiera en una categoría eclesiológica clave.

Este mismo documento aclara que el concepto de *sinodalidad* tiene tres sentidos o dimensiones[2]. Ante todo, la sinodalidad designa un estilo peculiar que califica la vida y misión de la Iglesia entendida como pueblo de Dios que peregrina. En un sentido más específico y determinado, sinodalidad designa aquellas estructuras y procesos eclesiales en los que la naturaleza sinodal de la Iglesia se expresa a nivel institucional tanto a nivel local (consejos, asambleas, sínodos) como regional (provincia eclesiástica, conferencia episcopal) o universal (concilio ecuménico y sínodo de los obispos). La sinodalidad designa, por último, la realización puntual de aquellos acontecimientos sinodales en que la Iglesia es convocada por el Papa para discernir una cuestión particular.

Se puede decir que, profundizando en la eclesiología del Concilio Vaticano II, la Iglesia ha adquirido conciencia de que la sinodalidad es una característica fundamental. El Papa Francisco pronunció un discurso memorable al celebrarse el 50 aniversario de la institución del Sínodo de los obispos, afirmando que «el camino de la sinodalidad es el camino que Dios espera de la Iglesia del tercer milenio»[3]. La primera y más fuerte convicción del Papa es que la sinodalidad es una dimensión constitutiva de la Iglesia. Ha dicho: «El tema de la sinodalidad no es el capítulo de un tratado de eclesiología, y menos aún una moda, un eslogan o el nuevo término a utilizar o manipular en nuestras reuniones. ¡No! La sinodalidad expresa la naturaleza de la Iglesia, su forma, su estilo, su misión»[4]. Con frecuencia el Papa repite la afirmación de San Juan

---

2. Cf. Comisión Teológica Internacional, *La sinodalidad en la vida y en la misión de la Iglesia* (2018), n. 70.

3. Papa Francisco, *Discurso 50 años del Sínodo de los obispos* (17-10-2015).

4. Papa Francisco, *Discurso a los fieles de la Diócesis de Roma* (18-9-2021).

Cristóstomo: «Iglesia y Sínodo son sinónimos» (*Explicatio in Ps. 149*), «porque la Iglesia no es otra cosa que el *caminar juntos* de la grey de Dios por los senderos de la historia que sale al encuentro de Cristo el Señor»[5]. La cuestión de la sinodalidad no es, pues, algo accidental o de mera añadidura, sino que es algo que pertenece a la identidad misma de la Iglesia, a su naturaleza. La Iglesia es sinodal constitutivamente.

Como ha escrito Eloy Bueno, «la sinodalidad es una categoría que ya había adquirido carta de ciudadanía en el ámbito eclesial, pero dentro de una innegable ambigüedad conceptual y terminológica, dentro de la cual Francisco introduce criterios de discernimiento y marca el camino a seguir»[6]. Por otro lado, el énfasis en la sinodalidad, asociado a la idea de una reforma de la Iglesia *en salida* misionera, ha introducido una dinámica de innovación en la Iglesia que ha conducido a S. Madrigal a hablar de una nueva fase de recepción del Vaticano II[7].

No se trata de algo totalmente nuevo porque, como señala la Síntesis, el proceso sinodal está radicado en la tradición de la Iglesia y se desarrolla a la luz de lo que dice el Concilio Vaticano II sobre la Iglesia como misterio y como pueblo de Dios, llamado a la santidad[8]. Pero, se trata, sin duda, de una nueva recepción de la eclesiología conciliar. En los círculos teológicos, durante el Sínodo, se repitió que con la idea de sinodalidad se trataba de articular el capítulo 1 y el capítulo 2 de *Lumen gentium*, el que se refiere a la Iglesia como misterio de comunión y el que se centra en la idea de pueblo de Dios.

---

5. PAPA FRANCISCO, *Discurso 50 años del Sínodo de los obispos* (17-10-2015).
6. E. BUENO, *Eclesiología del Papa Francisco. Una Iglesia bautismal y sinodal*, Fonte, Burgos 2018, p. 203.
7. Cf. S. MADRIGAL, «¿Una nueva fase en la recepción del Concilio?», en R. LUCIANI – M. T. COMPTE (coords.), *En camino hacia una Iglesia sinodal. De Pablo VI a Francisco*, PPC, Madrid 2020, pp. 49-76.
8. Cf. XVI ASAMBLEA DEL SÍNODO DE LOS OBISPOS, *Informe de Síntesis*, introd.; 1, f.

El pueblo de Dios no es una realidad sociológica ni debe ser pensado en términos ideológicos: es el pueblo sencillo y humilde que camina en presencia del Señor, el «santo pueblo fiel de Dios»[9]. Este pueblo en camino, que peregrina hacia la Patria, lo hace en comunión íntima con Dios y con los demás.

Por otro lado, se recordó también que la sinodalidad era vivida como algo natural por la primera iglesia y que en las iglesias orientales sigue estando vigente la praxis sinodal. El Cardenal de Irak, Luis Sako, subrayó que la sinodalidad es un elemento natural de la Iglesia, que quedó sofocado con cuando pasó a convertirse en Iglesia del imperio.

Sin embargo, durante la Asamblea, se advirtió que la palabra *sinodalidad* presentaba también algunas dificultades. Por una parte, porque en algunas culturas este término resulta difícilmente traducible y, por ende, comprensible. Por otro lado, se advierte un riesgo de abusar del término: si todo es calificado de *sinodal*, al final la palabra acaba no significando nada. Por todo ello, se dice que, si bien la sinodalidad representa el futuro de la Iglesia, es precisa una profundización en su significado «desde el uso pastoral al teológico y canónico, superando el riesgo de que suene demasiado vago o genérico, o que aparezca como una moda pasajera»[10].

Otro peligro es que la sinodalidad no llegue a concretarse y quede como una palabra hueca. Por eso el Papa Francisco pide incorporar la sinodalidad a la estructura de la Iglesia. En el discurso previo a la apertura del proceso sinodal, reclamaba «encaminarnos no ocasionalmente sino estructuralmente hacia una Iglesia sinodal; un lugar abierto, donde todos se sientan en casa y puedan participar». Y, añadía, que «si no

---

9. Cf. Papa Francisco, *Intervención en la XVIII congregación general* (25-10-2023).

10. Cf. XVI Asamblea del Sínodo de los obispos, *Informe de Síntesis*, 1, j; cf. 1, p y q.

se cultiva una praxis eclesial que exprese la sinodalidad de manera concreta a cada paso del camino y del obrar, promoviendo la implicación real de todos y cada uno, la comunión y la misión corren el peligro de quedarse como términos un poco abstractos»[11].

2. Caminar juntos con Cristo hacia el Reino

En el documento de Síntesis de los trabajos de la Asamblea se contiene una sugerente descripción de lo que es la sinodalidad. Dice así: «La sinodalidad puede entenderse como el caminar de los cristianos con Cristo y hacia el Reino, junto con toda la humanidad; orientada a la misión, la sinodalidad comporta reunirse en asamblea en los diversos niveles de la vida eclesial, la escucha recíproca, el diálogo, el discernimiento comunitario, la creación del consenso como expresión del hacerse presente el Cristo vivo en el Espíritu y el asumir una corresponsabilidad diferenciada»[12].

Hay tres palabras griegas que nos ayudan a comprender lo que significa *sinodalidad* y *sinodal*. La palabra 'odos', camino, es muy relevante en la sagrada Escritura, comenzando por la peregrinación del pueblo de Israel por el desierto. Además, Cristo mismo se presentó como el *odos*, como el camino (Jn 14,6). En el documento de la Comisión Teológica se dice que el camino de la Iglesia se realiza con Cristo, por medio de Cristo y en Cristo: Él es el Caminante, el Camino y la Patria[13]. El Sínodo dice que el camino se realiza «con Cristo» y señala

---

11. Papa Francisco, *Discurso en el momento de reflexión para el inicio del proceso sinodal* (9-10-2021).
12. XVI Asamblea del Síndo de los obispos, *Informe de Síntesis*, 1, h.
13. Comisión Teológica Internacional, *La sinodalidad en la vida y en la misión de la Iglesia* (2018), n. 50.

una dirección: «hacia el Reino». La segunda palabra griega importante es *synodos*, σύνοδος, «compuesta por la preposición σύν, y el sustantivo ὁδός, indica el camino que recorren juntos los miembros del Pueblo de Dios»[14]. De esta manera, *sinodalidad* significa «camino recorrido junto a otros»; hacer el camino en compañía. La Iglesia es un pueblo unido que camina hacia la Jerusalén celestial, a la casa del Padre, a la Jerusalén definitiva. La tercera palabra compuesta es '*ex–odos*', éxodo, que significa «salir, emprender el camino»[15]. Es importante caminar (*odos*), caminar juntos (*synodos*) y salir para testificar el Reino y anunciarlo (*exodos*).

En el texto de la Síntesis se subraya que la sinodalidad está «orientada a la misión». En el documento de la Comisión Teológica se afirma claramente que «la sinodalidad se vive al servicio de la misión»[16] y se recuerda la afirmación del Concilio: «*Ecclesia peregrinans natura sua missionaria est*»[17]. Por su parte, el énfasis en la sinodalidad va unido en el papa Francisco a la idea de «Iglesia en salida» misionera. El pueblo de Dios no es para sí mismo. Hemos recibido el don de ser parte del pueblo de Dios, pero esto supone una responsabilidad, «la responsabilidad de dar testimonio con hechos y no solo con palabras de las maravillas de Dios, que, si se conocen, ayudan a los hombres a descubrir su existencia y a aceptar su salvación»[18].

En la descripción que hace el Sínodo, se subraya, además, que ese «caminar juntos» se debe concretar en los diversos niveles de vida de la Iglesia, y para ello es necesaria la escucha

---

14. Comisión Teológica Internacional, *La sinodalidad en la vida y en la misión de la Iglesia* (2018), n. 3.

15. Cf. R. Blázquez, *Una mirada desde Ávila*, BAC, Madrid 2023, p. 74.

16. Comisión Teológica Internacional, *La sinodalidad en la vida y en la misión de la Iglesia* (2018), n. 53.

17. Concilio Vaticano II, Decr. *Ad gentes*, 2.

18. Papa Francisco, *Discurso a los fieles de la Diócesis de Roma* (18-9-2021).

atenta del otro, el diálogo, el discernimiento comunitario y la creación de consensos. Todo ello desde una «corresponsabilidad diferenciada» de cada uno de los miembros del pueblo de Dios. Prestaremos atención más adelante a esta expresión.

3. Una Iglesia que escucha, acoge y acompaña

La sinodalidad es, en primer lugar, un estilo, un talante, una manera de vivir la fe. En alguna de las intervenciones en el aula, se habló de que era necesario avanzar hacia una «cultura sinodal», indicando con ello que la sinodalidad es una manera de ser que debía penetrar todas las acciones de la Iglesia. El gran reto que tenemos es que esta manera de actuar vaya permeando toda nuestra acción pastoral y alcance a todos, los ministros ordenados y los fieles. Es muy importante hacer participar de este estilo a todo el pueblo de Dios. Ha de llegar a muchos y por eso, como dijo en una intervención José Vicente Nácher, arzobispo de Tegucigalpa, «es mejor pequeños pasos de muchos que grandes pasos de pocos». En la Síntesis se habla de «renovar las formas»[19], para vivir todo de forma más comunitaria y participada.

Una característica fundamental de la actitud sinodal es la disposición a estar a la escucha. Como comunidad hemos de estar a la escucha, en primer lugar, de la Palabra de Dios, que es la que nos convoca y reúne como Iglesia. Pero, al mismo tiempo hemos de estar a la escucha de los demás. Escuchar a otro es respetarle y reconocer su dignidad.

Una Iglesia sinodal es una Iglesia que escucha, que es casa abierta que acoge, que está cercana a las personas y acompaña a todos, incluidos aquellos que, por cualquier razón, se han

---

19. XVI Asamblea del Sínodo de los obispos, *Informe de Síntesis*, 2, c.

sentido heridos por la Iglesia. El modelo de la Iglesia no puede ser otro sino el mismo Jesús, que acogía con singularidad a cada persona, sin dejarse llevar por prejuicios ni etiquetas[20]. Durante el Sínodo, el Papa Francisco pidió reiteradamente ser «una Iglesia que acoge, no con las puertas cerradas»[21]; «es esta, hermanos y hermanas, la Iglesia que estamos llamados a soñar: una Iglesia servidora de todos, servidora de los últimos. Una Iglesia que no exige nunca un expediente de "buena conducta", sino que acoge, sirve, ama, perdona. Una Iglesia con las puertas abiertas que sea *puerto de misericordia*»[22].

Ahora bien, para escuchar, es preciso estar dispuestos a descentrarse para dejar espacio al otro. Escuchar significa asumir las actitudes de Jesús respecto a las personas que encontraba. Él no hacía distinciones ni actuaba con prejuicios. Son muchas las personas de nuestro mundo que desean tener una voz y ser escuchadas. En la Asamblea sinodal se habló de las víctimas de todo tipo de abusos (sexuales, espirituales, económicos, de poder o de conciencia), de los que viven en soledad, de las personas que viven en exclusión y marginación y también de aquellos que, por diferentes razones, se han sentido marginados o excluidos de la Iglesia. La Iglesia debe escuchar a todos y ofrecerles una acogida incondicionada. Estimo de gran valor esta aclaración que consta en el documento de Síntesis sobre lo que significa acoger incondicionalmente: «Esto no significa abdicar de la claridad en la presentación del mensaje de salvación del Evangelio, ni avalar cualquier opinión o posición. El Señor Jesús abría nuevos horizontes a aquellos que escuchaba incondicionalmente y estamos llamados a hacer lo mismo para compartir la Buena Noticia con aquellos que encontramos»[23].

---

20. XVI Asamblea del Sínodo de los obispos, *Informe de Síntesis*, 2, a.
21. Papa Francisco, *Discurso en la inauguración del Sínodo* (4-10-2023).
22. Papa Francisco, *Homilía en la Misa de clausura del Sínodo* (29-10-2023).
23. XVI Asamblea del Sínodo de los obispos, *Informe de Síntesis*, 16, l.

Un tema importante que apareció en el Sínodo es el de la relación entre amor y verdad. La consideración de que no hay amor sin verdad, tiene indudables repercusiones en el modo en que se afrontan muchas situaciones controvertidas. Pero, al mismo tiempo, es preciso subrayar que no hay verdad sin amor y, por eso, el que ama de verdad se hace cargo de las dificultades del otro, hasta hacerlas propias. Para encontrar el equilibrio hemos de mirar a Jesús, que en su comportamiento, gestos y actitudes supo unir la verdad y el amor. «Esto sucede —se dice en la Síntesis—, porque la verdad de la que Jesús es portador no es una idea, sino la misma presencia de Dios en medio de nosotros; y el amor con el que obra no es solo un sentimiento, sino la justicia del Reino que cambia la historia»[24]. A nosotros nos cuesta mucho vivir la unidad de amor y verdad, porque no somos capaces de vivir siguiendo el Evangelio. Nos encontramos con que «si utilizamos la doctrina con dureza y con actitud judicial, traicionamos el Evangelio; si practicamos una misericordia "barata", no transmitimos el amor de Dios»[25]. Necesitamos, por ello, mirar una y otra vez a Jesucristo y «proseguir la reflexión eclesial sobre la mezcla originaria de amor y verdad realizada por Jesús»[26].

Al reflexionar sobre la acogida de todos por parte de la Iglesia, surgió la cuestión de la acogida de quienes tienen una diferente orientación sexual. Conviene aclarar —frente a algunas informaciones sesgadas— que la cuestión de la homosexualidad no ocupó un lugar central en el Sínodo. Ciertamente, hubo en el Sínodo algunas intervenciones, procedentes sobre todo del ámbito anglosajón, que reclamaban un cambio doctrinal en este tema. Sin embargo, desde otras instancias (el

---

24. XVI Asamblea del Sínodo de los obispos, *Informe de Síntesis*, 15, e.
25. XVI Asamblea del Sínodo de los obispos, *Informe de Síntesis*, 15, f.
26. XVI Asamblea del Sínodo de los obispos, *Informe de Síntesis*, 15, h.

África subsahariana, algunos países de Europa) se consideraba que la Iglesia no debería aceptar la terminología LGTBIQ+; los africanos especialmente acusaban a occidente de «colonialismo cultural» en este tema. De hecho, como fruto de estas intervenciones, desapareció la expresión LGTBIQ+ del primer borrador del documento de Síntesis.

En relación con las personas que se sienten excluidas de la Iglesia por su situación matrimonial o su identidad sexual, el Síndo reitera la importancia de escucharles con atención: «En la Asamblea se ha percibido un profundo sentido de amor, misericordia y compasión por las personas que son o se sienten heridas u olvidadas por la Iglesia, que desean un lugar en el que volver "a casa" y sentirse al seguro, ser escuchadas y respetadas, sin miedo a ser juzgadas»[27].

Por otra parte, en el documento de Síntesis se reconoce que la cuestión de la identidad de género y la orientación sexual suscita nuevas preguntas en el seno de la sociedad y de la Iglesia. Se reconoce también que «a veces, las categorías antropológicas que hemos elaborado no son suficientes para acoger la complejidad de los elementos que emergen de la experiencia y del saber de las ciencias y requieren maduración y un estudio ulterior». Por ello, se pide dedicar tiempo a la reflexión: «Es importante tomar el tiempo necesario para esta reflexión y emplear las mejores energías, sin ceder a juicios simplistas que hieren a las personas y al cuerpo de la Iglesia»[28], pensar juntos y realizar un «discernimiento compartido»[29].

En relación con la escucha y el acompañamiento, en el Síndo se lanzó esta pregunta: «¿Qué deberíamos cambiar para que aquellos que se sienten excluidos puedan experimentar

---

27. XVI Asamblea del Síndo de los obispos, *Informe de Síntesis*, 16, h.
28. XVI Asamblea del Síndo de los obispos, *Informe de Síntesis*, 15, g.
29. XVI Asamblea del Síndo de los obispos, *Informe de Síntesis*, 15, k.

una Iglesia más acogedora? (...) Una Iglesia sinodal no puede renunciar a ser una Iglesia que escucha, y este compromiso debe traducirse en acciones concretas»[30]. Es una pregunta importante, que invita a plantearse con seriedad qué debemos hacer como Iglesia para crecer en la acogida de «todos, todos, todos», como insistió el Papa Francisco en la JMJ de Lisboa 2023. También en la homilía de apertura del Sínodo, pidió ser «una Iglesia "de yugo suave" (cf. Mt 11,30), que no impone cargas y que repite a todos: "Vengan, todos los que están afligidos y agobiados, vengan ustedes que han extraviado el camino o que se sienten alejados, vengan ustedes que le han cerrado la puerta a la esperanza, ¡la Iglesia está aquí para ustedes!". La Iglesia con las puertas abiertas para todos, todos, todos»[31].

Por otra parte, también se destacó que en el tema de la acogida no partimos de cero. Son muchas las instituciones y estructuras de la Iglesia que realizan el servicio de acogida y acompañamiento. Se puede pensar en la labor de Cáritas, pero también en la pastoral que se realiza con los enfermos, con los ancianos, los emigrantes o los presos. El Sínodo pide potenciar estas acciones y vincularlas a la comunidad cristiana. Han de ser expresión de la actitud de acogida de toda la comunidad y no pueden quedar delegadas en unos pocos[32]. El Cardenal Omella, en la Asamblea, subrayó la labor que realiza Cáritas, agradeciendo su trabajo, e insistió en que no debía perder su identidad.

Para llevar a cabo este servicio de escucha, se sugiere en el documento de Síntesis que algunos bautizados asuman esta misión específica. Por esta razón se propone instituir un «ministerio de la escucha o del acompañamiento», que podría ser

---

30. XVI Asamblea del Sínodo de los obispos, *Informe de Síntesis*, 16, n.
31. Papa Francisco, *Homilía en la apertura de la Asamblea General Ordinaria del Sínodo de los obispos* (4-10-2023).
32. Cf. XVI Asamblea del Sínodo de los obispos, *Informe de Síntesis*, 16, o.

conferido a algunos bautizados a los que se encomendaría de modo estable la misión de escuchar, no en su propio nombre sino en el de toda la Iglesia[33].

4. Los pobres, protagonistas del camino de la Iglesia

Si hacer sínodo significa caminar junto a Aquel que es el camino, una Iglesia sinodal necesita poner a los pobres en el centro de su propia vida. Los pobres no pueden ser solo *objetos* de la caridad de la Iglesia[34]. Son compañeros de camino y, por ello, deben ser tratados con respeto y reconocimiento.

Ahora bien, no existe una sola clase de pobreza. Lamentablemente, la pobreza tiene muchos rostros: el que no tiene lo necesario para vivir, los migrantes y refugiados, las víctimas de la violencia o de abusos, las víctimas del racismo, los trabajadores explotados. Durante el Sínodo se recordaron estos y otros muchos tipos de pobreza, que reclaman la atención de la Iglesia. Además, los miembros de la Asamblea participamos en dos encuentros de plegaria unidos al Papa Francisco. El primero tuvo lugar en la plaza de San Pedro, junto a la escultura *Angels unaware* (*Ángeles sin saberlo*, referencia a Heb 13,2). El Papa Francisco, comentando la parábola del Buen Samaritano, subrayó que «estamos llamados a hacernos prójimos de todos los viandantes de hoy, para salvar sus vidas, curar sus heridas, aliviar su dolor»[35]. El segundo momento fue la oración por la paz, que tuvo lugar en la Basílica de San Pedro. No olvidemos que, en los primeros días de la Asamblea, fuimos golpeados

---

33. Cf. XVI Asamblea del Sínodo de los obispos, *Informe de Síntesis*, 16, p.
34. Cf. XVI Asamblea del Sínodo de los obispos, *Informe de Síntesis*, a y i.
35. Papa Francisco, *Momento de oración por los migrantes y refugiados* (19-10-2023).

con la terrible noticia de la guerra entre Israel y Hamás. El Papa, dirigiéndose a la Madre de Dios, decía: «Haz que nos sintamos responsables por la paz, llamados a rezar y a adorar, a interceder y a reparar por todo el género humano»[36].

El Sínodo también tuvo presente otro tipo de pobreza, la pobreza espiritual, que entiende como falta de sentido de la vida[37]. El narcisismo y el individualismo que caracterizan la cultura contemporánea lleva a muchos al vacío existencial. La comunidad cristiana también está llamada a caminar junto a las personas que tienen sed de sentido.

La Iglesia siente la necesidad de reafirmar, siguiendo a Cristo, la opción preferencial por los pobres. Los cristianos están llamados no solo a hacerse próximos a ellos, sino a aprender de ellos[38]. Al mismo tiempo, hemos de seguir trabajando en la construcción del bien común y en la defensa de la dignidad de la vida, denunciando las situaciones de injusticia y opresión, y trabajando para hacer real la integración y participación de los últimos en el interior de la misma Iglesia y en la sociedad.

5. La sinodalidad, un camino espiritual

Reiteradamente a la largo del Sínodo se subrayó que esta actitud sinodal de escucha y acogida necesita estar enraizada en una fuerte espiritualidad. Algunos recordaron las preciosas indicaciones sobre la espiritualidad de comunión, que dio el Papa San Juan Pablo II en su escrito para el nuevo milenio[39]. La consideración de la sinodalidad invita a la Iglesia a la reforma, para vivirla con más plenitud. Es, por esto, una invitación

---

36. Papa Francisco, *Palabras en la oración por la paz* (27-10-2023).
37. Cf. XVI Asamblea del Sínodo de los obispos, *Informe de Síntesis*, 4, c.
38. XVI Asamblea del Sínodo de los obispos, *Informe de Síntesis*, 4, h.
39. Cf. S. Juan Pablo II, Carta Ap. *Novo millenio ineunte*, 43-45.

a la conversión, a descubrir el gozo de ser Iglesia y de caminar juntos y, también, a hacerlo en fidelidad al Evangelio.

Estas actitudes requieren una profunda espiritualidad. Para que todo no quede solo en una renovación externa y alcance al núcleo de la Iglesia, es preciso reafirmar que la primacía la tiene la gracia de Dios. Por eso se dice con claridad en la Síntesis: «Si falta la profundidad espiritual, la sinodalidad se convierte en una renovación de fachada»[40]. La comunión entre nosotros y el impulso a la misión no son fruto de nuestros esfuerzos sino obra del Espíritu Santo, que actúa en nosotros. La renovación de la comunidad cristiana solo puede ser obra de la gracia. Además, solo la perspectiva espiritual nos permite reconocer en el encuentro con los otros una forma auténtica de encuentro con Dios. Ante el otro, siempre hemos de «quitarnos las sandalias», porque cada ser humano es un terreno sagrado.

La sinodalidad ha de nacer del interior; sin la conversión personal y comunitaria se queda en el vacío. Quizás por esto, en la primera congregación general del Sínodo, el Papa Francisco nos entregó una serie de textos patrísticos —tomados principalmente de San Basilio— sobre la acción del Espíritu Santo en la Iglesia. Uno de los textos hablaba de que es el Espíritu Santo quien nos hace Iglesia y decía: «El que, llamándonos desde los lugares más diversos, hace la unidad, hace de nosotros la Iglesia (ὁ ἐκκλησιάζων) y convoca a todos con el anuncio (τῷ κηρύγματι) es el Paráclito, el "Espíritu de la verdad" (Jn 14,17), que reúne a todos los que se salvan por medio de los profetas y apóstoles; porque "por toda la tierra se extiende su anuncio, y hasta los confines de la tierra sus palabras" (Sal 19,5); por esto dice: "Oíd esto todos los pueblos y todos los habitantes del mundo" (Sal 49,2). Por eso también

---

40. XVI Asamblea del Sínodo de los obispos, *Informe de Síntesis*, 2, c.

la Iglesia se compone de hombres de las más diversas condi-
ciones, para que nadie quede excluido del beneficio»[41]. En el
discurso de apertura del Sínodo, el Papa repitió que «el Sínodo
es un camino que realiza el Espíritu Santo (...) Los protagonistas del Sínodo no somos nosotros, es el Espíritu Santo, y si le
damos lugar al Espíritu Santo, el Sínodo irá bien»[42].

6. LA SINODALIDAD SE PLASMA Y ALIMENTA DE LA EUCARISTÍA

La espiritualidad sinodal ha de estar iluminada por la Palabra
de Dios y tomar su fuerza de la Eucaristía. La primera y fundamental forma de comunión que tiene el pueblo de Dios es la
Eucaristía: «En la Eucaristía celebramos un misterio de gracia
del que no somos los creadores; llamándonos a participar en
su Cuerpo y en Sangre, el Señor nos hace un solo cuerpo entre
nosotros y con Él». Por eso, −dice la Síntesis− «la comunión
celebrada en la Eucaristía y que de ella se deriva configura y
orienta los caminos de la sinodalidad»[43]. Como dijo el arzobispo Vincenzo Paglia en la Asamblea, la celebración de la
Eucaristía evita que la Iglesia sea una institución meramente
humana.

En el documento de la Comisión Teológica Internacional
sobre la sinodalidad se decía con claridad: «El camino sinodal
de la Iglesia se plasma y se alimenta con la Eucaristía»[44]. Y
añadía: «La sinodalidad tiene su fuente y su cumbre en la celebración litúrgica y de una forma singular en la participación

---

41. S. BASILIO, *Hom. in Ps. 48*: PG 29, 433, 9-18.
42. PAPA FRANCISCO, *Discurso en la Primera congregación general* (4-10-2023).
43. XVI ASAMBLEA DEL SÍNODO DE LOS OBISPOS, *Informe de Síntesis*, 3, e.
44. COMISIÓN TEOLÓGICA INTERNACIONAL, *La sinodalidad en la vida y en la misión de la Iglesia* (2018), n 47.

plena, consciente y activa en el banquete eucarístico». En efecto, la sinodalidad brota de la comunión y la Eucaristía es el sacramento por excelencia de la comunión. Además, la Eucaristía representa y realiza visiblemente la pertenencia al cuerpo de Cristo y la co-pertenencia entre los cristianos. Quienes comemos un mismo pan, formamos un solo cuerpo (cf. 1Cor 10,17). Estamos unidos a Cristo en la comunión del Espíritu Santo y juntos caminamos hacia el Reino. Por esta razón, creceremos en sinodalidad en la medida en que alimentemos nuestra vida en el banquete eucarístico. De ahí la importancia de cuidar la celebración de la Eucaristía y dejarnos formar «por su potente belleza y por la noble simplicidad de sus gestos»[45]. En este sentido, hubo una intervención del arzobispo de Valladolid, Mons. Luis Argüello, en la segunda congregación general, subrayando que la Eucaristía del domingo es la realización de la Iglesia sinodal; ella es fuente de comunión; en ella se realiza la armonía del sacerdocio ministerial y el sacerdocio común.

---

45. XVI Asamblea del Sínodo de los obispos, *Informe de Síntesis*, 3, k.

~ CAPÍTULO 4 ~

REDESCUBRIR LA DIGNIDAD BAUTISMAL

Para crecer en la sinodalidad resulta esencial redescubrir el valor del bautismo y la dignidad que confiere a cada uno. Este capítulo se centra en la diversidad de vocaciones y ministerios que surgen a partir del bautismo recibido.

1. Ungidos por el Espíritu Santo

El Sínodo pone el acento en que, antes de cualquier distinción de carismas y ministerios, «todos nosotros hemos sido bautizados por el Espíritu Santo para formar un solo cuerpo» (1Cor 12,13). El bautismo es el manantial de vida del que brota la dignidad de cada uno de los fieles y su derecho a participar activamente en la vida y misión de la Iglesia. Sin duda, un fruto muy importante del Sínodo es la acrecentada conciencia de formar parte del santo pueblo fiel de Dios, en el cual cada uno es portador de la identidad derivada del bautismo[1].

Antes que la distinción en diversos carismas y ministerios está el hecho de que todos hemos recibido el mismo bautismo. Por eso, en una Iglesia sinodal todos son protagonistas.

---

1. Cf. XVI Asamblea del Sínodo de los obispos, *Informe de Síntesis*, 1, a.

El protagonista de la vida de la Iglesia no es el Papa ni los obispos, sino todos. La Iglesia no es la élite formada por los sacerdotes, los obispos y los religiosos, sino que todos formamos parte del pueblo de Dios. Para describir lo que es una Iglesia sinodal, el Papa usa la imagen de la «pirámide invertida», que integra el Pueblo de Dios, el Colegio Episcopal y, con él, con su específico ministerio, el sucesor de Pedro. «En esta Iglesia, como en una pirámide invertida, la cima se encuentra por debajo de la base. Por eso, quienes ejercen la autoridad se llaman "ministros": porque, según el significado originario de la palabra, son los más pequeños de todos»[2].

En un discurso a la Asamblea, el Papa subrayó la necesidad de evitar los enfoques ideológicos a la hora de pensar la Iglesia como pueblo de Dios: «Me gusta pensar la Iglesia —dijo— como este pueblo sencillo y humilde que camina en la presencia del Señor (el pueblo fiel de Dios)». Por el bautismo estamos insertos en este pueblo fiel, en el «santo pueblo fiel de Dios, en camino, santo y pecador»[3].

De manera muy oportuna, el Sínodo subrayó la importancia no solo del bautismo, sino de todos los sacramentos de la *iniciación cristiana*. En una Iglesia más sinodal, debe valorarse el sacramento de la confirmación, que enriquece a los fieles con los dones del Espíritu Santo y los llama a desarrollar su propia vocación al servicio de la misión. Resulta oportuno destacar su importancia en relación con la variedad de carismas y ministerios que enriquecen la Iglesia[4]. La Eucaristía, fuente de la sinodalidad, nos enseña a armonizar la diversidad de carismas y ministerios en la unidad y realiza la *comunión* en que consiste la Iglesia.

---

2. Papa Francisco, *Discurso 50 años del Sínodo de los obispos* (17-10-2015).
3. Papa Francisco, *Discurso a la XVIII congregación general* (25-10-2023).
4. Cf. XVI Asamblea del Sínodo de los obispos, *Informe de Síntesis*, 3, d.

2. El *SENSUS FIDEI* DEL PUEBLO FIEL DE DIOS

La unción del Espíritu, recibida en el bautismo y la confirmación, otorga a los creyentes un instinto respecto a la verdad del Evangelio, llamado *sentido de la fe* (*sensus fidei*). En la Síntesis se explica que «este instinto consiste en una cierta connaturalidad con las realidades divinas y en la actitud a acoger intuitivamente lo que es conforme a la verdad de la fe»[5]. La constitución conciliar sobre la Iglesia recogió la afirmación de que el pueblo de Dios goza del sentido de la fe y que es infalible al creer (*in credendo*)[6]. Este es un tema que el Papa Francisco ha destacado, desde el principio de su pontificado. En su escrito programático, *Evangelii Gaudium*, escribió: «En todos los bautizados actúa la fuerza santificadora del Espíritu que impulsa a evangelizar. El Pueblo de Dios es santo por esta unción que lo hace infalible *"in credendo"*. Esto significa que cuando cree no se equivoca, aunque no encuentre palabras para explicar su fe. El Espíritu lo guía en la verdad y lo conduce a la salvación. Como parte de su misterio de amor hacia la humanidad, Dios dota a la totalidad de los fieles de un *instinto de fe* —el *sensus fidei*— que los ayuda a discernir lo que viene realmente de Dios. La presencia del Espíritu otorga a los cristianos una cierta connaturalidad con las realidades divinas y una sabiduría que los permite captarlas intuitivamente, aunque no tengan el instrumental adecuado para expresarlas con precisión»[7].

La consideración del *sensus fidei* de todo el pueblo de Dios —añade el Papa Francisco— impide separar rígidamente entre *Ecclesia docens* y *Ecclesia discens*, ya que «también la grey

---

5. XVI Asamblea del Sínodo de los obispos, *Informe de Síntesis*, 3, c.

6. Concilio Vaticano II, Const. Dogm. *Lumen gentium*, 12.

7. Papa Francisco, Ex. Ap. *Evangelii Gaudium*, 119.

tiene su *olfato* para encontrar nuevos caminos que el Señor abre a la Iglesia»[8]. Debemos superar la imagen «de una Iglesia rígidamente dividida entre dirigentes y subalternos, entre los que enseñan y los que tienen que aprender, olvidando que a Dios le gusta cambiar posiciones»[9]. El *sensus fidei* capacita a todos en la dignidad de la vocación profética de Cristo, para que puedan discernir cuáles son los caminos del Evangelio en el mundo presente.

Recordemos que el *sensus fidei* tiene dos dimensiones, una personal y otra comunitaria. El Sínodo subraya la dimensión comunitaria del *sentido de la fe*, que otorga a todos la capacidad de discernir: «los procesos sinodales valoran este don y permiten verificar la existencia del consenso de los fieles (*consensus fidelium*) que constituye un criterio seguro para determinar si una particular doctrina o praxis pertenece a la fe apostólica»[10].

Por otra parte, el Sínodo también destaca que el *sentido de la fe* debe entenderse como una realidad dinámica, que necesita ser desarrollada. La maduración del *sensus fidei* requiere no solo haber recibido el bautismo «sino también desarrollar la gracia del sacramento en una vida de auténtico discipulado, que habilite a discernir la acción del Espíritu de lo que es pensamiento dominante, fruto de condicionamientos culturales o, en cualquier caso, sin coherencia con el Evangelio»[11]. El ejercicio de una vida de fe capacita al creyente para el discernimiento.

---

8. Papa Francisco, *Discurso en la conmemoración del 50 aniversario de la institución del Sínodo de los obispos* (17-10-2015).

9. Papa Francisco, *Discurso a los fieles de la Diócesis de Roma* (18-9-2021).

10. XVI Asamblea del Sínodo de los obispos, *Informe de Síntesis*, 3, c.

11. XVI Asamblea del Sínodo de los obispos, *Informe de Síntesis*, 3, h.

3. El bautismo, principio del ecumenismo

El Sínodo sobre la sinodalidad quiso ser, desde el inicio, un acontecimiento ecuménico, como revela el hecho de comenzar con una vigilia ecuménica y la participación, como delegados fraternos, de representantes de diversas iglesias y confesiones cristianas no católicas. No podía ser de otra manera, puesto que, si queremos recorrer la senda de la sinodalidad, es preciso que todos los bautizados caminemos juntos. El camino sinodal no puede quedar limitado a los católicos. Como se decía en el *Instrumentum laboris*, «una Iglesia auténticamente sinodal no puede dejar de implicar a todos los que comparten el mismo bautismo»[12].

El fundamento de estas consideraciones reside en la valoración de lo que significa el bautismo. Todos los cristianos tenemos en común «un solo Señor, una sola fe, un solo bautismo, un Dios único y Padre de todos, que está sobre todos, entre todos y en todos» (Ef 4,5.6). Por eso, se afirma en la Síntesis, «el bautismo, que es el principio de la sinodalidad, constituye también el fundamento del ecumenismo»[13]. En el círculo menor en que participé, que se ocupó del tema de la comunión con otros cristianos, decíamos: «El camino sinodal es y debe ser ecuménico, incluyendo a todos los bautizados. También los hermanos y hermanas no católicos han recibido el baño de regeneración y de renovación del Espíritu Santo (Tit 3,5) y tienen el *sensus fidei*. Asimismo, todos los cristianos atesoramos la Palabra de Dios revelada en las Escrituras. El Bautismo y la Biblia nos unen, y deben ser nuestro motor común para seguir avanzando»[14].

---

12. XVI Asamblea General Ordinaria del Sínodo de los obispos, *Instrumentum laboris*, 24.
13. XVI Asamblea del Sínodo de los obispos, *Informe de Síntesis*, 7, b.
14. Síntesis grupo 21 ESP, Módulo B.1.4

Efectivamente, al haber recibido el bautismo, los cristianos de otras confesiones participan del sentido de la fe (*sensus fidei*). En el documento de la Comisión Teológica sobre el sentido de la fe se subraya que los cristianos separados participan y contribuyen de alguna manera al *sensus fidelium*[15]. La Iglesia católica reconoce que «muchos elementos de santidad y verdad»[16] pueden ser encontrados fuera de sus límites visibles, que «ciertos aspectos del misterio cristiano han estado a veces más eficazmente puestos de relieve»[17] en otras comunidades y que el diálogo ecuménico le ayuda a profundizar y clarificar su propia comprensión del Evangelio. Por eso, en el documento de Síntesis de la Asamblea se subraya que, por el hecho de participar del sentido de la fe todos los cristianos «han de ser escuchados con atención», independientemente de cuál sea su tradición[18].

El camino de la sinodalidad, por el que quiere avanzar la Iglesia, debe realizarse junto a los hermanos de otras confesiones, trabajando para que crezca la fraternidad, compartiendo esperanzas y, sobre todo, la oración y la alabanza del Señor.

4. Los ministros ordenados, al servicio del pueblo de Dios

El sacerdocio bautismal de los fieles y el ministerio ordenado han de comprenderse desde la reciprocidad. Ambos son necesarios e indispensables y expresan la unidad y la diversidad del único Cuerpo de Cristo, que es la Iglesia. La vivencia de la

---

15. Comisión Teológica Internacional, *El «sensus fidei» en la vida de la Iglesia* (2014), n. 86.
16. Cf. Concilio Vaticano II, Const. Dogm. *Lumen gentium*, 8.
17. S. Juan Pablo II, Enc. *Ut unum sint*, 14.
18. XVI Asamblea del Sínodo de los obispos, *Informe de Síntesis*, 7, b.

sinodalidad pide que los sacerdotes vivan su ministerio desde el servicio. «En una Iglesia sinodal –se dice en la Síntesis–, los ministros ordenados están llamados a vivir su servicio al Pueblo de Dios con actitudes de cercanía a las personas, de acogida y de escucha a todos y a cultivar una profunda espiritualidad personal y una vida de oración. Sobre todo, están llamados a repensar el ejercicio de la autoridad desde el modelo de Jesús que, "a pesar de su condición divina (...) se rebajó a sí mismo, tomando la condición de esclavo" (Flp 2, 6)»[19]. Para avanzar hacia una Iglesia más sinodal es indispensable que los ministros ordenados contribuyan a la articulación y promoción de todos los carismas y lo hagan desde una espiritualidad del servicio y no del poder o el dominio.

La falta de una adecuada valoración del sacerdocio bautismal y la comprensión deficiente del ministerio ordenado, conduce a mantener posturas autoritarias, entrando en la lógica de los privilegios y de la superioridad sobre el otro y no en la relación de servicio humilde. En el Sínodo se habló mucho del clericalismo, que es origen de todo tipo de abusos. El clericalismo «nace de una mala comprensión de la llamada divina, que lleva a concebirla más como un privilegio que como un servicio, y se manifiesta en un estilo de poder mundano que rehúsa dar razones»[20]. También el Papa Francisco habló en el Sínodo de este defecto y dijo que «el clericalismo es un látigo, es un azote, es una forma de mundanidad que ensucia y daña el rostro de la esposa del Señor; esclaviza al santo pueblo fiel de Dios»[21].

Para hacer frente a esta deformación del sacerdocio, es necesario cultivar la conciencia de que el sacerdote parte de

---

19. XVI Asamblea del Sínodo de los obispos, *Informe de Síntesis*, 11, b. Hice una reflexión sobre sacerdocio y sinodalidad en F. Conesa, «El ministerio del sacerdote en una Iglesia sinodal», en *Surge* 79 (enero-abril 2021) 57-78.

20. XVI Asamblea del Sínodo de los obispos, *Informe de Síntesis*, 11, c.

21. Papa Francisco, *Intervención en la XVIII Congregación general* (25-10-2023).

un pueblo que peregrina hacia el encuentro con el Padre. El pastor es un miembro del pueblo santo de Dios y vive para ese pueblo. Es bueno sentir el gozo y el calor de la fraternidad. La alegría de un sacerdote es vivir su fe, celebrarla y testimoniarla unido a su comunidad, a la que ama como su padre en el espíritu.

Es preciso entender el ministerio como un servicio al santo pueblo fiel de Dios y cuidar el estilo con el que se ejerce la autoridad. En la Exhortación *Evangelii gaudium* podemos leer: «Los laicos son simplemente la inmensa mayoría del Pueblo de Dios. A su servicio está la minoría de los ministros ordenados»[22]. Por eso, los sacerdotes han de estar atentos y examinar cómo entienden y ejercen su autoridad porque la autoridad ejercida en el sentido del nuevo testamento, no les separa del pueblo de Dios, sino que les pone a su servicio. El ministerio sacerdotal es una verdadera *diakonia*. Hemos de preguntarnos porqué en los grupos sinodales de nuestras diócesis ha sido común la sensación de que los sacerdotes actúan demasiado autoritariamente[23].

Resulta sumamente importante saber conjugar el aspecto jerárquico y el carismático de la Iglesia, el sacerdocio ministerial y el sacerdocio bautismal. La Iglesia tiene al mismo tiempo una estructura jerárquica y sinodal, que responde al doble principio, cristológico y pneumatológico[24]. La Iglesia nace en la Pascua y en Pentecostés y, por ello, resulta tan importante

---

22. Papa Francisco, Ex. Ap. *Evangelii Gaudium*, 102.

23. Crítica recogida en Conferencia Episcopal Española, *Síntesis sobre la fase diocesana del sínodo sobre la sinodalidad de la Iglesia que peregrina en España* (11-6-2022), II, A.

24. Cf. Congregación para la Doctrina de la Fe, Carta *Iuvenescit Ecclesia* (15-5-2016), que reafirma la co-esencialidad de los dones jerárquicos y carismáticos. Sobre el tema S. Madrigal, «La vocación sinodal del pueblo de Dios», en J. L. Martín Barrios (ed.), *La sinodalidad en la vida y misión de la Iglesia*, Edice, Madrid 2021, pp. 60-65.

su estructura jerárquica como la diversidad de dones que el Espíritu ha suscitado en ella. En esta perspectiva, el sacerdote no se sitúa por encima de la comunidad, separado del resto, sino al servicio del pueblo de Dios, desde su propia vocación.

Es necesario un cambio de mentalidad, para que los pastores comiencen a considerar a los laicos no solo como colaboradores, sino como verdaderos *corresponsables* de la vida y misión de la Iglesia. Esto implica escuchar al laicado a la hora de decidir las cosas que afectan a la vida de la comunidad. Los laicos deben tomar parte activa en la toma de decisiones. Dice la Comisión Teológica: «Es indispensable que se consulte a los laicos al poner en marcha los procesos de discernimiento en el marco de las estructuras sinodales»[25].

Por eso, poner en práctica la sinodalidad requiere una *conversión pastoral*, que supone una renovación de mentalidades, actitudes y prácticas. Hay que superar algunos paradigmas que todavía se mantienen en la cultura eclesiástica como son la concentración de la responsabilidad de la misión en el ministerio de los pastores, el insuficiente aprecio de la vida consagrada y los dones carismáticos y la escasa valoración del aporte que realizan los laicos y, especialmente, las mujeres[26].

En el Sínodo se realiza una propuesta atrevida: para evitar ejercer la autoridad de modo autoritario, conviene establecer mecanismos de control: «Pedimos a las Iglesias locales que establezcan procesos y estructuras que permitan una regular verificación de las modalidades del ejercicio del ministerio de sacerdotes y diáconos que tienen roles de responsabilidad»[27]. Ciertamente, ya existen instituciones para garantizar un

---

25. Comisión Teológica Internacional, *La sinodalidad en la vida y en la misión de la Iglesia* (2018), 72.

26. Cf. Comisión Teológica Internacional, *La sinodalidad en la vida y en la misión de la Iglesia* (2018), n. 105.

27. XVI Asamblea del Sínodo de los obispos, *Informe de Síntesis*, 11, k.

ejercicio trasparente de la autoridad, como los consejos y las visitas pastorales. Pero estas instituciones se deberían reforzar con el fin de construir una Iglesia más sinodal. La rendición de cuentas es parte integrante de una Iglesia sinodal[28]. Por eso, en el Sínodo se piden estructuras que evalúen la actuación de sacerdotes y diáconos, de los obispos e incluso de los nuncios apostólicos[29].

Al tratar el tema del ministerio ordenado surgió en el Sínodo la cuestión de la obligatoriedad del celibato en la Iglesia latina. No fue un tema central de discusión, pero ciertamente, algunos círculos menores cuestionaron la oportunidad de vincular sacerdocio y celibato. El argumento principal se basaba en la importancia que tiene la Eucaristía en la vida de una comunidad cristiana. Seguir vinculando sacerdocio y celibato –se decía– conducirá a que muchas comunidades cristianas se vean privadas durante mucho tiempo de la celebración eucarística. Por eso, se sugería la posibilidad de ordenar *viri probati* –como ya se dijo en el Sínodo de la Amazonia–. Por otra parte, fueron muchas las intervenciones que valoraron el don del celibato. En la Síntesis se dice que «todos aprecian su valor, cargado de profecía, y el testimonio de conformación con Cristo». Consciente de que es un tema que no puede ser resuelto simplemente en el Sínodo, se añade: «Se trata de un tema que no es nuevo y que requiere ser retomado ulteriormente»[30].

En el Sínodo no todo fueron críticas a los sacerdotes o a su manera de ejercer el ministerio. Al contrario, dominó un reconocimiento agradecido de su entrega generosa: «La Asamblea General les expresa, ante todo, un profundo agradecimiento.

---

28. Cf. XVI Asamblea del Sínodo de los obispos, *Informe de Síntesis*, 12, k.

29. Cf. XVI Asamblea del Sínodo de los obispos, *Informe de Síntesis*, 11, k; 12, c y j; 13, i.

30. XVI Asamblea del Sínodo de los obispos, *Informe de Síntesis*, 11, f.

Consciente de que pueden experimentar soledad y aislamiento, recomienda a las comunidades cristianas que los apoyen con la oración, la amistad, la colaboración»[31]. En una intervención libre Zdenek Wasserbauer, obispo auxiliar de Praga, dijo: los presbíteros se encuentran cansados; muchas veces son ridiculizados; se encuentran solos; temen no poder ser sustituidos. Por eso –añadía– debemos apoyar su ministerio y hacerles sentir nuestro agradecimiento, para ayudarles a descubrir la alegría de su vocación.

5. Diversidad de ministerios en una Iglesia ministerial

A lo largo del Sínodo se habló con frecuencia de los ministerios y carismas en el pueblo de Dios. La sinodalidad conduce a reconocer la diversidad de vocaciones y carismas, estando atentos a los dones que el Espíritu ha sembrado en la comunidad, a «la variedad de carismas y ministerios que diseñan el rostro sinodal de la Iglesia»[32]. El obispo de Mongomo (Guinea Ecuatorial), Juan Domingo Esono, recordó oportunamente en el Aula el texto de *Lumen gentium* 30: «Saben los Pastores que no han sido instituidos por Cristo para asumir por sí solos toda la misión salvífica de la Iglesia en el mundo».

Ahora bien, surgió la duda de si la manera más adecuada de implicar a los laicos en la vida de la Iglesia era instituyendo ministerios. Por una parte, algunos consideraban que sería bueno multiplicar los ministerios, como una forma de dar participación a los laicos (y especialmente a las mujeres) en la vida de la Iglesia. Otros temían que esta multiplicación de los ministerios condujera a una clericalización del laicado y

---

31. XVI Asamblea del Sínodo de los obispos, *Informe de Síntesis*, 11, a.
32. XVI Asamblea del Sínodo de los obispos, *Informe de Síntesis*, 3, d.

produjera desequilibrios. «Está también el peligro –se dice en la Síntesis–, expresado por muchos en la Asamblea, de "clericalizar" a los laicos, creando una especie de élite que perpetúa las desigualdades y las divisiones en el Pueblo de Dios»[33]. Además, había también temor a que los laicos quedaran envueltos en tareas intraeclesiales y sufriera detrimento su papel en la transformación del mundo.

En el *Instrumentum laboris* se decía que una Iglesia misionera debería ser «totalmente ministerial» y se invitaba a reconocer los ministerios bautismales (instituidos, extraordinarios y de hecho) en el seno del Pueblo de Dios. Sin embargo, se vio que esta expresión podía prestarse a malentendidos, porque se puede entender como que deben multiplicarse los ministerios en la Iglesia. Por ello, se pidió «que se profundice en su significado, para clarificar eventuales ambigüedades»[34].

En cualquier caso, en el documento de Síntesis aparece una tendencia a multiplicar los ministerios. Se pide que los obispos en sus Diócesis puedan crear e instituir nuevos ministerios, si lo consideran oportuno para la evangelización. Y se sugiere instituir algunos ministerios nuevos: un ministerio que pudiera conferirse a parejas casadas para apoyar la vida familiar y para acompañar a las personas que se preparan para el sacramento del matrimonio[35] y un ministerio de escucha y acompañamiento, fundado en el Bautismo, y adaptado a los diferentes contextos[36]. También se pide ampliar el ministerio de lector de manera que se configure «un verdadero y propio ministerio de la Palabra de Dios que, en contextos apropiados, podría incluir también la predicación»[37]. Finalmente, a pro-

---

33. XVI Asamblea del Sínodo de los obispos, *Informe de Síntesis*, 8, f.
34. XVI Asamblea del Sínodo de los obispos, *Informe de Síntesis*, 8, m.
35. Cf. XVI Asamblea del Sínodo de los obispos, *Informe de Síntesis*, 8, n.
36. Cf. XVI Asamblea del Sínodo de los obispos, *Informe de Síntesis*, 16, p.
37. XVI Asamblea del Sínodo de los obispos, *Informe de Síntesis*, 8, n.

pósito de las mujeres, se lanza una pregunta: «Si se necesitan nuevos ministerios, ¿a quién corresponde el discernimiento? ¿a qué nivel y con qué modalidades?»[38]. La función de los ministerios en la Iglesia, reclama evidentemente una profundización en su contenido e implicaciones.

6. Formación para una cultura sinodal

Para hacer fructificar en favor de toda la Iglesia los dones que cada uno posee, es necesaria la formación. La sinodalidad es un estilo de actuación, que requiere ser cultivado; es preciso formarse para vivir la sinodalidad. Por eso, durante el Sínodo se habló con mucha frecuencia de la formación y se dijo que «preocuparse de la propia formación es la respuesta que todo bautizado está llamado a dar a los dones del Señor, para hacer fructificar los talentos recibidos y ponerlos al servicio de todos»[39]. A lo largo del Sínodo se habló extensamente de la necesidad de formación de todos: del laicado, de los seminaristas y novicios, de los sacerdotes e incluso de los obispos. Se sentía la necesidad de que la mística de la sinodalidad estuviera presente en todos los itinerarios formativos. El objetivo de la formación es que cada uno pueda vivir plenamente la propia vocación: «Una formación en clave sinodal tiene la finalidad de permitir al Pueblo de Dios vivir plenamente la propia vocación bautismal, en familia, en los lugares de trabajo, en el ámbito eclesial, social e intelectual, y de hacer a cada uno capaz de participar activamente en la misión de la Iglesia según los propios carismas y la propia vocación»[40].

---

38. XVI Asamblea del Sínodo de los obispos, *Informe de Síntesis*, 9, i.
39. XVI Asamblea del Sínodo de los obispos, *Informe de Síntesis*, 14, a.
40. XVI Asamblea del Sínodo de los obispos, *Informe de Síntesis*, 14, f.

Respecto al modo de hacer la formación se realizaron diversas indicaciones importantes. La primera es que la formación no consiste solo en recibir unas enseñanzas, sino que requiere, en primer lugar, la «conversión a la lógica del Reino»[41]. En segundo lugar, se subrayó que todo el pueblo santo de Dios es protagonista de su formación, valorándose especialmente la educación en la fe que se ofrece en el seno de la familia. Se indicó, también, que el modelo de toda formación son los itinerarios catecumenales de iniciación cristiana, que tienen como centro el anuncio del kerigma.

Una clave importante es que la formación en una Iglesia sinodal requiere ser emprendida de modo sinodal: «El pueblo de Dios se forma junto al tiempo que camina junto»[42]. A propósito de la catequesis, se habla de la maternidad de la Iglesia y se dice que «la Iglesia enseña a sus hijos a caminar caminando con ellos»[43]. La educación en la fe acontece mientras se camina con la comunidad y tiene como sujeto principal al mismo pueblo de Dios, que educa a sus hijos y los va introduciendo en el misterio de Cristo y en la vida cristiana.

Se anima, por ello, a las Diócesis y conferencias episcopales a crear una cultura de la formación permanente, utilizando todos los medios disponibles –también los digitales– para garantizar que pueda desarrollarse la propia vocación en una Iglesia sinodal.

El Sínodo mostró una particular preocupación por la formación de los futuros sacerdotes. En diversas ocasiones se manifestó, con temor, que algunos sacerdotes jóvenes parecían demasiado formalistas y poco cercanos al pueblo de Dios. Se desea evitar las actitudes clericales y autoritarias. Por eso,

---

41. XVI Asamblea del Sínodo de los obispos, *Informe de Síntesis*, 14, b.
42. XVI Asamblea del Sínodo de los obispos, *Informe de Síntesis*, 14, f.
43. XVI Asamblea del Sínodo de los obispos, *Informe de Síntesis*, 3, b.

el Sínodo pide «repensar los estilos y recorridos formativos» y «una profunda revisión de la formación al ministerio ordenado a la luz de la perspectiva de la Iglesia sinodal misionera»[44]. En consecuencia, se ofrecen algunas indicaciones para revisar la formación de los sacerdotes y la actual *Ratio fundamentalis*, que establece las líneas fundamentales que deben seguir los Seminarios[45]. Un subrayado importante es que todo el pueblo de Dios debe estar ampliamente representado en la formación de los ministros ordenados[46]. En particular, las mujeres deben tener un papel importante en los programas de enseñanza y formación de los seminarios[47]. Para evitar las deformaciones del sacerdocio se pide que, desde el principio, haya un contacto vivo con la comunidad, con el día a día del pueblo de Dios y evitar crear en los seminarios ambientes artificiales, separados del pueblo de Dios[48]. Así mismo, es importante que los seminaristas tengan «una experiencia concreta de servicio a los más necesitados»[49].

---

44. XVI Asamblea del Sínodo de los obispos, *Informe de Síntesis*, 11, e y j.
45. Cf. Congregación para el Clero, *El don de la vocación. Ratio fundamentalis institutionis sacerdotalis* (8-12-2016). Se pidió reiteradamente la revisión de este documento: *Informe de Síntesis*, 11, j; 14, n.
46. XVI Asamblea del Sínodo de los obispos, *Informe de Síntesis*, 14, i y l.
47. Cf. XVI Asamblea del Sínodo de los obispos, *Informe de Síntesis*, 9, p.
48. XVI Asamblea del Sínodo de los obispos, *Informe de Síntesis*, 11, c; 14, n.
49. XVI Asamblea del Sínodo de los obispos, *Informe de Síntesis*, 11, c.

~ CAPÍTULO 5 ~

CORRESPONSABLES EN LA COMÚN MISIÓN

Un fruto del Sínodo es la creciente conciencia de que la dignidad bautismal hace que cada miembro del pueblo de Dios sea corresponsable en la vida y la misión de la Iglesia.

1. UNA CORRESPONSABILIDAD DIFERENCIADA

Por el bautismo, todos hemos recibido el don de ser sacerdotes, profetas y reyes, participando del ministerio de Cristo, Sacerdote, Maestro y Pastor. Todos los bautizados son, por ello, responsables de la misión y todos contribuyen a imaginar y decidir los pasos que debe dar la Iglesia y las comunidades cristianas para crecer como comunidades evangelizadoras[1]. Como se dice en el documento de Síntesis, «el ejercicio de la corresponsabilidad es esencial para la sinodalidad y es necesario a todos los niveles de la Iglesia»[2].

Ahora bien, se trata de una «corresponsabilidad diferenciada», una expresión que escuché en el Sínodo de labios de Roberto Repole, arzobispo de Turín. El documento de Síntesis

---

1. Cf. XVI ASAMBLEA DEL SÍNODO DE LOS OBISPOS, *Informe de Síntesis*, 18, a.
2. XVI ASAMBLEA DEL SÍNODO DE LOS OBISPOS, *Informe de Síntesis*, 8, b.

recoge por dos veces esta expresión, que me parece muy adecuada para explicar el modo en que se ejerce en la Iglesia la corresponsabilidad[3].

En algunas síntesis diocesanas, como la que presentó mi diócesis, se hablaba de la necesidad de una «autoridad compartida», pero esta expresión resulta menos precisa, porque no distingue la responsabilidad propia del ministro ordenado y la que corresponde al laico. Parece más adecuado considerar que, siendo todos corresponsables, lo somos de diferente manera, porque en la Iglesia hay diversidad de ministerios, carismas y vocaciones: «cada uno según su vocación, con su experiencia y competencia»[4].

En el ejercicio de la sinodalidad la importancia de que todos participen se debe articular con la autoridad que corresponde, por voluntad de Cristo, al ministro ordenado (y especialmente a los obispos y al Papa), que ha recibido el don de discernimiento. La sinodalidad se vive en el seno de una comunidad que, por la voluntad del Señor, cuenta con unos ministros, que tienen la responsabilidad de tomar las decisiones pastorales para el bien de la comunidad[5]. En el documento de la Comisión Teológica Internacional sobre la sinodalidad se distingue entre el proceso de discernimiento para elaborar una decisión y la decisión pastoral: «La elaboración es una competencia sinodal, la decisión es una responsabilidad ministerial»[6]. Pero esta decisión solo se puede tomar después de haber escuchado atentamente y haber discernido juntos qué es lo que más contribuye a la edificación de la Iglesia.

---

3. XVI Asamblea del Sínodo de los obispos, *Informe de Síntesis*, 1, h; 20, e.

4. XVI Asamblea del Sínodo de los obispos, *Informe de Síntesis*, 18, a.

5. Cf. Comisión Teológica Internacional, *La sinodalidad en la vida y en la misión de la Iglesia* (2018), nn. 67. 69.

6. Comisión Teológica Internacional, *La sinodalidad en la vida y en la misión de la Iglesia* (2018), n. 69.

En una intervención D. Vicente Jiménez Zamora, arzobispo emérito de Zaragoza, recordó que es preciso distinguir entre el proceso para elaborar una decisión –en el que deben implicarse todos– y la decisión pastoral –que es una responsabilidad jerárquica–. Citó a este propósito el texto de San Cipriano: «*nihil sine episcopo, nihil sine consilio vestro et sine consensu plebis*» (nada sin el obispo, nada sin vuestro consejo –el de los presbíteros y diáconos– y sin el consentimiento o consenso del Pueblo)[7].

Se habló también en el Sínodo de «corresponsabilidad no competitiva»[8] porque no se trata de ver quién manda más o quien domina sobre el otro, sino de colaborar todos para el crecimiento del único cuerpo de Cristo. La sinodalidad no es un forcejeo para ver quién se hace con el poder. En la XIV congregación general, el Cardenal Kurt Koch citó esta esclarecedora sentencia de Charles Moeller: «Nadie debe hacerlo todo; cada uno ha de hacer lo que le compete».

2. La participación de los laicos en la vida de la Iglesia

Los laicos son responsables junto con los pastores de la vida y misión de la Iglesia. Por el bautismo todos estamos llamados a participar activamente en la Iglesia. Los laicos están llamados a edificar la Iglesia y a participar en su misión evangelizadora.

Ahora bien, los laicos participan de diversas maneras en la vida y misión de la Iglesia. Ante todo, contribuyen a hacer presente a la Iglesia y anunciar el Evangelio en el mundo de la familia, de la cultura, del trabajo, en el cuidado de la Casa

---

7. S. Cipriano, *Epistula 14*, 4 (CSEL III, 2; p. 512)
8. XVI Asamblea del Sínodo de los obispos, *Informe de Síntesis*, 9, b.

común y, de modo particular, en la participación en la vida pública. «Ahí deben estar presentes, porque están llamados a dar testimonio de Cristo en la vida de cada día y a compartir explícitamente la fe con los otros»[9]. Pero, los laicos también están muy presentes y activos en el servicio al interior de las comunidades cristianas. Muchos de ellos son profesores, teólogos, catequistas y participan en los diversos organismos de comunión parroquiales y diocesanos. Su aportación en este campo es indispensable para la vida de las comunidades y la misión de la Iglesia.

De hecho, es cada vez más frecuente que los laicos asuman funciones y ejerzan cargos dentro de la Iglesia. Ante ello, se ve la necesidad de conciliar esta praxis con las actuales disposiciones canónicas, lo que reclama una adecuada reflexión teológica[10]. Una cuestión pendiente de resolver es la relación entre la potestad de orden y la potestad de jurisdicción. Tradicionalmente se ha distinguido la potestad de orden, que se recibe con el sacramento del orden y constituye al cristiano en ministro sagrado y la potestad de régimen o jurisdicción, que es la potestad de regir a los fieles y que tiene su origen en una determinada misión (*missio canonica*). La potestad de orden no se puede perder nunca, mientras que la potestad de jurisdicción puede perderse (al cesar el oficio o la *missio canonica*). El Concilio Vaticano II, siguiendo la tradición predominante del primer milenio, vinculó ambas potestades[11]. Pero si la jurisdicción está unida al orden entonces los laicos –que no tienen potestad de orden– no pueden tener poder de jurisdicción. Algunos autores opinan que se podrían separar estas potestades y en este caso los laicos participarían no solo

---

9. XVI ASAMBLEA DEL SÍNODO DE LOS OBISPOS, *Informe de Síntesis*, 8, d.
10. XVI ASAMBLEA DEL SÍNODO DE LOS OBISPOS, *Informe de Síntesis*, 8, j.
11. Cf. CONCILIO VATICANO II, Const. Dogm. *Lumen gentium*, 21-24 y nota explicativa 2.

cooperando (como es la situación actual) sino ejerciendo dicha potestad. El laico ejercería esta potestad por delegación o participación de la que posee el ministro ordenado, al recibir una *missio* o encargo pastoral.

De hecho, la praxis del Papa Francisco es encomendar a laicos y religiosos ministerios que suponen potestad de jurisdicción. En la constitución sobre la curia *Praedicate evangelium* se dice expresamente que la reforma de la Curia «debe prever la participación de los laicos, incluso en funciones de gobierno y responsabilidad. Su presencia y participación es también esencial, porque cooperan por el bien de toda la Iglesia»[12].

Se trata de una cuestión abierta. Por eso, en la Síntesis se pide profundizar en la relación entre sacramento del Orden y jurisdicción, para precisar los criterios teológicos y canónicos que están en la base del principio de compartir las responsabilidades del obispo y determinados ámbitos, formas e implicaciones de la corresponsabilidad[13].

3. La participación real y efectiva de la mujer

En el Sínodo se sintió la necesidad de subrayar de una manera especial la necesidad de que la mujer tome parte de manera efectiva y real en la vida de la Iglesia. Existe la conciencia de que la mujer ha sido discriminada en la Iglesia, imponiéndose posturas machistas, que van en detrimento de la comunión. Se habló de que muchas mujeres se habían sentido heridas por la Iglesia[14]. Al mismo tiempo, es opinión común que la mayor parte de nuestras comunidades cristianas están formadas por

---

12. Papa Francisco, Const. Ap. *Praedicate Evangelium* (19-3-2022), art. 10.
13. Cf. XVI Asamblea del Sínodo de los obispos, *Informe de Síntesis*, 12, g.
14. Cf. XVI Asamblea del Sínodo de los obispos, *Informe de Síntesis*, 9, f.

mujeres. Se da la paradoja de que las mujeres son mayoría en una Iglesia en la que apenas son escuchadas.

Este es un tema que ya estaba presente en las Síntesis tanto nacional como continental. Por ejemplo, en la síntesis de España se decía que «es preciso repensar el papel de las mujeres en la Iglesia, con un mayor protagonismo y responsabilidad; sencillamente, están desempeñando un papel fundamental en el día a día de la comunidad eclesial y deben poder asumirlo igualmente en los lugares y espacios en los que se toman las decisiones»[15]. El *Instrumentum laboris* recogió esta inquietud y lanzaba esta pregunta a los Padres sinodales: ¿Cómo puede la Iglesia de nuestro tiempo cumplir mejor su misión mediante un mayor reconocimiento y promoción de la dignidad bautismal de las mujeres?

La respuesta del Sínodo ha consistido, primero, en subrayar que hombres y mujeres están revestidos de la misma dignidad bautismal. En la Síntesis se dice con claridad que «deseamos, promover una Iglesia en la que hombres y mujeres dialoguen, a fin de comprender mejor la profundidad del designio de Dios, en que aparecen juntos como protagonistas, sin subordinación, exclusión ni competencia»[16]. El Card. Tolentino de Mendoça, dijo en la décima congregación general, que la Iglesia se encuentra en un periodo de cansancio. Debe parar para recuperar el aliento y seguir el camino. Para eso, necesita, con urgencia, el agua de la presencia de la mujer.

Al mismo tiempo, se es consciente de que es necesaria la renovación de relaciones y cambios estructurales, que conduzcan a un mayor reconocimiento y valoración de la aportación de las mujeres y a un aumento de las responsabilidades que

---

15. Asamblea final de la Conferencia Episcopal Española, *Síntesis sobre la fase diocesana* (11-6-2022).
16. XVI Asamblea del Sínodo de los obispos, *Informe de Síntesis*, 9, h.

se les encomiendan en todas las áreas de la vida y la misión de la Iglesia[17]. Se reclama un acompañamiento decidido y una promoción de la mujer por parte de la Iglesia y se dice que «es urgente garantizar que las mujeres puedan participar en los procesos de decisión y asumir roles de responsabilidad en la pastoral y en el ministerio»[18].

Por otra parte, todos los presentes valoramos muy positivamente la participación de algunas mujeres en los debates sinodales. Su presencia como miembros de la Asamblea fue una riqueza, porque aportaron a las discusiones su punto de vista y su sensibilidad. Fue bueno escuchar sus reclamaciones para que creciera entre nosotros el respeto a la mujer.

En el contexto de esta reflexión sobre la plena participación de la mujer en la vida de la Iglesia surgió la cuestión de si la mujer debería acceder a los ministerios ordenados y, de manera específica, al diaconado. Este es un tema que le fue planteado al Papa Francisco en el encuentro que mantuvo en Roma con 900 superioras de institutos religiosos femeninos (12-5-2016). Como respuesta, el Papa instauró una comisión para el estudio de la cuestión, pero el organismo logró un resultado parcial. Después del Sínodo de la Amazonia, el Papa asumió el compromiso de abrir de nuevo una comisión para el diaconado femenino, formada por nuevos miembros, como así se realizó en el mes de abril de 2020.

En el Sínodo quedó patente desde el principio que este tema no estaba maduro. La Síntesis se limita a decir que «han sido diversas las posturas»[19], porque mientras que para unos la ordenación de mujeres supondría una discontinuidad con la Tradición de la Iglesia, otros consideraban que era algo

---

17. XVI Asamblea del Sínodo de los obispos, *Informe de Síntesis*, 9, g y i.
18. XVI Asamblea del Sínodo de los obispos, *Informe de Síntesis*, 9, m.
19. XVI Asamblea del Sínodo de los obispos, *Informe de Síntesis*, 9, j.

necesario y oportuno en nuestro tiempo. Se pide, por ello, una mayor profundización. Es significativo que se reclame, sobre todo, profundizar en la teología del diaconado, para así poder esclarecer mejor la cuestión del acceso de la mujer. En diversos momentos se vio la necesidad de comprender mejor lo que significa el diaconado considerado en sí mismo y no solo como una etapa hacia el presbiterado y especificar su naturaleza y funciones[20]. Al mismo tiempo, se pidió que siguiera adelante aquella investigación teológica y pastoral sobre el acceso de las mujeres al diaconado, que el Papa había puesto en marcha[21].

Quizás uno de los mejores frutos de este Sínodo sea garantizar y promover una participación real y efectiva de la mujer en la vida de la Iglesia. Pero —como advierte el mismo Sínodo— para ello no basta crear estructuras o instituciones, porque «es necesaria una profunda conversión espiritual como base para cualquier cambio estructural»[22].

4. POTENCIAR LOS ORGANISMOS QUE FACILITAN LA PARTICIPACIÓN EN LA VIDA Y MISIÓN DE LA IGLESIA

El compartir la responsabilidad en la misión exige que también exista una participación real y efectiva de todos en la vida de la Iglesia. La participación en la vida de la Iglesia no puede quedar en palabras, sino que ha de concretarse en instrumentos y organismos que hagan real esta participación. Por eso, el Sínodo ha pedido que se potencien los diferentes órganos de participación que ya existen en el seno de la Iglesia. La

---

20. XVI ASAMBLEA DEL SÍNODO DE LOS OBISPOS, *Informe de Síntesis*, 9, k y i; 11, h;
21. XVI ASAMBLEA DEL SÍNODO DE LOS OBISPOS, *Informe de Síntesis*, 9, n.
22. XVI ASAMBLEA DEL SÍNODO DE LOS OBISPOS, *Informe de Síntesis*, 9, f.

sinodalidad crece cuando cada bautizado se implica en los procesos de discernimiento y decisión para la misión.

En la Iglesia encontramos ya preciosos organismos que ayudan a la comunión, entre los que destacan los consejos pastorales de las parroquias y de las Diócesis. El Sínodo pide, en primer lugar, que se potencien estos organismos, con el fin de que sean lugares de auténtica participación de los laicos y laicas en la vida de la comunidad en vista a decisiones realmente apostólicas[23]. Para ello, es preciso realizar una revisión a fondo del funcionamiento de los consejos. En muchas ocasiones, los laicos que participan en los consejos se sienten meros ejecutores de las disposiciones del párroco y no miembros corresponsables de la vida de la comunidad. Además, en los organismos de consulta también pueden aparecer la tentación de dominio y las lógicas mundanas de poder.

A este propósito, el Sínodo realiza dos observaciones que considero de gran interés. La primera es que la Palabra de Dios y la Eucaristía han de ocupar un lugar central en todas las reuniones de cualquier organismo de decisión: «La autoridad por excelencia la tiene la Palabra de Dios, que debe inspirar cualquier encuentro de los organismos de participación, cualquier consulta y cualquier proceso para tomar una decisión». Se añade que, para que esto sea así, la reunión ha de encontrar «sentido y fuerza en la Eucaristía» y ha de desarrollarse «a la luz de la Palabra escuchada y compartida en la oración»[24]. Este es el estilo cristiano, que en nada se parece a la lógica que domina en nuestra sociedad. La segunda observación se refiere a los miembros que conforman los consejos y que toman parte en los procesos de discernimiento y toma de decisión. Se pide que sean hombres y mujeres con un perfil apostólico, que sean

---

23. XVI Asamblea del Sínodo de los obispos, *Informe de Síntesis*, 18, h.
24. XVI Asamblea del Sínodo de los obispos, *Informe de Síntesis*, 18, c.

verdaderos testigos del Evangelio en su vida diaria. «El pueblo de Dios —se dice— es tanto más misionero, cuanto más capaz sea de hacer resonar en su interior, también en los organismos de participación, la voz de aquellos que ya viven implicados en la misión habitando el mundo y sus periferias»[25].

Por otra parte, para crecer en sinodalidad, estos consejos deben asumir la «cultura de la rendición de cuentas» y la «cultura del informe», que el Sínodo desea promover. Los organismos de corresponsabilidad y participación, en cuanto que ostentan una autoridad, también deben rendir cuentas a los demás y deben «practicar la cultura del informe respecto a la comunidad de la que son expresión»[26].

Una cuestión que surgió en el Sínodo es la referida al carácter consultivo de estos consejos. Entre las cuestiones que quedan pendientes está la pregunta siguiente: «¿Cómo podemos entrelazar el aspecto consultivo y deliberativo de la sinodalidad?»[27]. A este propósito, creo que resulta clarificador lo que se dice en el documento sobre *La conversión pastoral de la comunidad parroquial*, donde se explica que el carácter consultivo de los consejos de pastoral parroquial significa que «sus propuestas deben ser acogidas favorablemente por el párroco para llegar a ser operativas. El párroco, a su vez, debe considerar atentamente las indicaciones del Consejo pastoral, especialmente si se expresa por unanimidad, en un proceso de común discernimiento»[28].

Con el fin de subrayar la importancia de los consejos, algunos pidieron que fuera obligatorio establecer un consejo

---

25. XVI Asamblea del Sínodo de los obispos, *Informe de Síntesis*,18, d.
26. XVI Asamblea del Sínodo de los obispos, *Informe de Síntesis*,18, i.
27. XVI Asamblea del Sínodo de los obispos, *Informe de Síntesis*,18, g.
28. Cf. Congregación para el Clero, Instrucción «La conversión pastoral de la parroquia al servicio de la misión evangelizadora» (20-7-2020), n. 113. Sobre el carácter consultivo de los consejos reflexiona S. Pié-Ninot, *La sinodalidad como «caminar juntos» en la Iglesia*, CPL, Barcelona 2021, pp. 33-43.

episcopal y los consejos de pastoral diocesano y parroquiales[29]. También se pide en la Síntesis que se refuercen otros organismos de comunión como la provincia eclesiástica o metropolitana, en cuanto lugar de comunión de las Iglesias locales de un territorio y que se estudie reforzar la naturaleza doctrinal y jurídica de las conferencias episcopales[30].

En general, la posición del Sínodo no fue favorable a crear nuevos organismos e instituciones de consulta. Consideraba más oportuno revisar lo que ya se hace, potenciar las existentes y promover una cultura sinodal, porque «no basta con crear estructuras de corresponsabilidad, si falta la conversión personal a una sinodalidad misionera»[31]. Sí se realiza una apuesta clara por reforzar todas las instancias de comunión y los organismos sinodales y colegiales de la Iglesia. De esta manera, se añade, se podrá evitar el riesgo de centralismo y de uniformidad en el gobierno de la Iglesia[32]. El Sínodo desea avanzar hacia una descentralización saludable de la Iglesia, como comentó una de las expertas, la canonista holandesa Myriam Wijlens.

---

29. Cf. XVI Asamblea del Sínodo de los obispos, *Informe de Síntesis*,12, k; 18, h.
30. XVI Asamblea del Sínodo de los obispos, *Informe de Síntesis*, 19, g y i.
31. XVI Asamblea del Sínodo de los obispos, *Informe de Síntesis*, 20, c.
32. Cf. XVI Asamblea del Sínodo de los obispos, *Informe de Síntesis*, 19, d.

~ CAPÍTULO 6 ~

TODOS DISCÍPULOS, TODOS MISIONEROS

Entramos, por último, a considerar un elemento fundamental de una Iglesia sinodal, porque el crecimiento la sinodalidad es para la misión.

1. Una Iglesia sinodal misionera

La Síntesis de los trabajos de la Asamblea del Sínodo tiene por título *Una Iglesia sinodal en misión*. De esta manera, ya desde el mismo enunciado, se vincula sinodalidad y misión. El crecimiento en la comunión es para ser una Iglesia *en salida* misionera. Si centramos demasiado la atención en la sinodalidad y nos olvidamos de la misión, corremos el peligro de la autorreferencialidad, es decir, de quedar cerrados en las discusiones sobre nosotros mismos y no abrirnos al anuncio del Evangelio, que es la misión que tenemos como Iglesia.

Como se explica en la Síntesis, la sinodalidad nos introduce en la dinámica de la Santísima Trinidad, en la que la comunión intratrinitaria conduce a salir al encuentro de la humanidad[1]. La misión de la Iglesia es expresión y prolongación de esta

---

1. XVI Asamblea del Sínodo de los obispos, *Informe de Síntesis*, 2, a.

salida del Dios Trinitario al mundo. A imitación del Dios invisible que, movido por su gran amor, ha hablado con los hombres como amigos para invitarlos a la comunión con Él[2], la Iglesia «se hace palabra; la Iglesia se hace mensaje; la Iglesia se hace coloquio»[3]. El Sínodo acentúa que esta lógica del diálogo debe regir siempre el anuncio del Evangelio.

La misión de anunciar y dar testimonio del Evangelio forma parte de la esencia de la Iglesia. Por eso, «mejor que decir que la Iglesia tiene una misión, afirmamos que la Iglesia es misión»[4]. Cristo ha confiado su misión a la Iglesia y ella, sostenida y guiada por el Espíritu Santo, continúa proclamando el Evangelio del Reino de Dios, del que es «germen e inicio»[5]. En el Sínodo se ha recordado también que, como se dice en *Evangelii gaudium*, todo en la Iglesia debe estar al servicio de la evangelización de manera que la opción misionera transforme la vida de nuestras comunidades. Mario Delpini, arzobispo de Milán, subrayaba que cada Iglesia local debería ser capaz de pensarlo todo desde la misión.

Considero relevante la referencia que, en este contexto, se realiza a la Eucaristía. Si la Eucaristía es, como hemos dicho, fuente de la sinodalidad, ella será también la fuente de la misión: «La misión de la Iglesia continuamente se renueva y se alimenta en la celebración de la Eucaristía»[6].

---

2. Cf. Concilio Vaticano II, Const. *Dei verbum*, 2.
3. S. Pablo VI, Enc. *Ecclesiam suam*, 34.
4. XVI Asamblea del Sínodo de los obispos, *Informe de Síntesis*, 8, a.
5. Concilio Vaticano II, Const. Dogm. *Lumen gentium*, 5.
6. XVI Asamblea del Sínodo de los obispos, *Informe de Síntesis*, 8, h.

2. Todos somos responsables de la misión

La dignidad recibida en los sacramentos de iniciación hace a todos corresponsables en la misión común de evangelizar. «Laicos y laicas, consagradas y consagrados y ministros ordenaros tienen igual dignidad. Han recibido carismas y vocaciones diversas y ejercen roles y funciones diferentes, todos llamados y nutridos por el Espíritu Santo para formar un solo cuerpo de Cristo. Todos discípulos, todos misioneros, en la vitalidad fraterna de las comunidades locales que experimentan la dulce y confortante alegría de evangelizar»[7]. El Sínodo suscribe, de esta manera, la idea del documento de Aparecida, tantas veces repetida por el Papa Francisco, de que todos somos «discípulos misioneros». Todo bautizado es protagonista de la misión. Hay una única misión, que se realiza en diversos ministerios. Las diversas vocaciones y carismas que hay en la Iglesia deben involucrarse en el anuncio del Evangelio. Como dijo Mons. Luis Marin, en una intervención libre, lo que necesitamos son testigos entusiastas que experimenten la alegría de creer y la comuniquen.

En un reciente mensaje para la Jornada de oración por las vocaciones, decía el Papa: «Es necesario cuidarse de la mentalidad que separa a los sacerdotes de los laicos, considerando protagonistas a los primeros y ejecutores a los segundos, y llevar adelante la misión cristiana como único Pueblo de Dios, laicos y pastores juntos. Toda la Iglesia es comunidad evangelizadora»[8]. La misión es posible si todos los miembros del pueblo de Dios se involucran y cooperan desde su propia vocación, carisma y ministerio. En la Exhortación *Evangelii gaudium*, el Papa Francisco había subrayado que «la misión es

---

7. XVI Asamblea del Sínodo de los obispos, *Informe de Síntesis*, 8, b.

8. Papa Francisco, *Mensaje para la 59 Jornada de oración por las vocaciones* (8-5-2022).

algo que yo no puedo arrancar de mi ser si no quiero destruirme. Yo soy una misión en esta tierra, y para eso estoy en este mundo»[9]. En la Síntesis de los trabajos, se insiste de nuevo en que «cada cristiano es una misión en este mundo»[10].

La misión es una gracia que compromete a toda la Iglesia. A los fieles laicos corresponde, de manera especial, la transformación del mundo, haciendo presente el Evangelio en la vida pública. Los diversos carismas de los laicos son dones del Espíritu Santo a la Iglesia, que «deben promoverse, reconocerse y valorarse totalmente»[11]. En el Sínodo se destacó el papel de la familia, que es «columna maestra de toda la comunidad cristiana» y que es lugar privilegiado de educación en la fe y práctica de la vida cristiana[12]. Se valoró también la aportación de las asociaciones y movimientos laicales a la evangelización[13]. Por su parte, la vida consagrada, con la riqueza y variedad de sus formas, contribuye a renovar la vida de la comunidad eclesial. Queda pendiente, sin embargo, una tarea importante que es lograr una mayor integración de los movimientos laicales y de la vida consagrada en la vida de las Iglesias locales, al servicio de la comunión y la misión común[14].

Se pide en el Sínodo que la responsabilidad de todos en la misión sea «el criterio base de la estructuración de las comunidades cristianas y de la entera Iglesia local con todos sus servicios, en todas sus instituciones, en cada organismo de comunión (cf. 1Cor 12,4.31)»[15]. Esto supone una revisión a

---

9. Papa Francisco, Ex. Ap. *Evangelii Gaudium*, 273.
10. XVI Asamblea del Sínodo de los obispos, *Informe de Síntesis*, 8, b.
11. XVI Asamblea del Sínodo de los obispos, *Informe de Síntesis*, 8, f.
12. XVI Asamblea del Sínodo de los obispos, *Informe de Síntesis*, 8, c.
13. XVI Asamblea del Sínodo de los obispos, *Informe de Síntesis*, 10, c.
14. XVI Asamblea del Sínodo de los obispos, *Informe de Síntesis*, 10, f. Por eso se propone revisar el documento *Mutuae relationes* (1978) sobre la relación entre religiosos y obispos.
15. XVI Asamblea del Sínodo de los obispos, *Informe de Síntesis*, 18, b.

fondo de la manera en que estructuramos la vida de la Iglesia. Es tarea de todos los bautizados poner en marcha procesos de renovación de la Iglesia, para que crezca como evangelizadora. En la Asamblea del Sínodo se subraya que esta renovación es tarea de todos los bautizados y que todos ellos «contribuyen a imaginar y decidir pasos de reforma de las comunidades cristianas y de la Iglesia toda, de manera que viva "la dulce y confortadora alegría de evangelizar"»[16].

3. Anunciar la fe en las diferentes culturas

A lo largo del Sínodo hemos experimentado la pluralidad de la Iglesia, que realiza su misión en una gran diversidad de pueblos, lenguas y culturas. Puedo decir que, personalmente, ha sido muy enriquecedor escuchar a cristianos de culturas y modos de pensar muy diferentes, y poder compartir sus dificultades y sus esperanzas. Hemos oído sobre el sufrimiento de los cristianos en Myanmar, en el Líbano, en Sudán del Sur y en tantos otros países. Hemos descubierto la riqueza de las Iglesias orientales católicas, con su liturgia, su concepción de la sinodalidad y su espiritualidad. Hemos participado de la sensibilidad de algunas iglesias jóvenes de África o Asia y de otras iglesias —como las europeas— de larga tradición. En fin, hemos vivido la gran diversidad de culturas, carismas y vocaciones que enriquecen la Iglesia. En verdad, la Iglesia está formada por hombres y mujeres de «de toda raza, lengua, pueblo y nación» (Ap 5,9). A la vista de esta diversidad, se repetía en el Sínodo la idea de que el centro de la Iglesia ya no está en Europa; lo que conlleva estar muy atentos al riesgo de querer imponer la cultura y mentalidad europeas al resto de

---

16. XVI Asamblea del Sínodo de los obispos, *Informe de Síntesis*, 18, a.

la cristiandad y la necesidad de evitar cualquier tipo de colonialismo cultural. En la Síntesis del Sínodo se dice, con razón, que hemos tenido experiencia «de la pluralidad de expresiones del ser Iglesia»[17].

Ser conscientes de ello nos invita, sobre todo, a apreciar la diversidad en la Iglesia, que es una riqueza. Como ha escrito el Papa Francisco, el modelo de unidad de la Iglesia no es la esfera «donde cada punto es equidistante del centro y no hay diferencias entre unos y otros. El modelo es el poliedro, que refleja la confluencia de todas las parcialidades que en él conservan su originalidad» y procura «recoger lo mejor de cada uno»[18]. El poliedro tiene muchas facetas, muchos lados, que forman una unidad cargada de matices. Se ha dicho en el Sínodo: «es preciso cultivar la sensibilidad frente a la riqueza de la variedad de las expresiones del ser Iglesia»[19].

Vivimos y anunciamos la fe en el seno de nuestra propia cultura. La cultura en la que está inserta una Iglesia local define sus prioridades pastorales, el lenguaje con que se expresa y los dones que aporta a las otras iglesias. Resulta esencial dialogar con la cultura y prestar «una renovada atención a la cuestión de los lenguajes que utilizamos para hablar a las mentes y corazones de las personas en una gran diversidad de contextos, para hacerlo de un modo que resulte accesible y bello»[20].

Con el fin de evitar las tensiones que amenazan la unidad, es preciso realizar diversos equilibrios. El primer equilibrio necesario es entre la necesidad de respetar las culturas locales y el deber de evangelizar estas culturas. Por una parte, en el Sínodo se reconoce la importancia de la propia cultura, con la que hay que dialogar, reconociendo lo bueno que hay en ella

---

17. XVI Asamblea del Sínodo de los obispos, *Informe de Síntesis*, 5, b.
18. Papa Francisco, Ex. Ap. *Evangelii Gaudium*, 236.
19. XVI Asamblea del Sínodo de los obispos, *Informe de Síntesis*, 5, g.
20. XVI Asamblea del Sínodo de los obispos, *Informe de Síntesis*, 5, l.

y buscando siempre construir puentes. Siguiendo las huellas de la declaración conciliar sobre las religiones no cristianas, se dice que «la Iglesia es consciente de que el Espíritu puede hablar a través de la voz de hombres y mujeres de toda religión, convicción y cultura»[21]. Pero, los cristianos tienen también el deber de llevar a Cristo a esas culturas. Por eso, se dice en la Síntesis, en la evangelización «emerge una tensión entre el anuncio explícito de Jesús y la valoración de las características de cada cultura, buscándole los trazos evangélicos (*semina Verbi*) que ya contiene»[22].

Esta cuestión se plantea con fuerza cuando dirigimos nuestra mirada a la cultura occidental actual, en la que aparecen algunas ideologías contrarias a la fe. El Papa Francisco pide reiteradamente al Sínodo no dejarse llevar por ideologías ni polarizaciones[23]. En la Síntesis se dice que necesitamos tener capacidad de discernir la acción del Espíritu Santo de lo que es «el pensamiento dominante, fruto de condicionamientos culturales o, en cualquier caso, sin coherencia con el Evangelio»[24]. Para ello se considera imprescindible haber madurado el *sentido de la fe*, en una vida de discipulado, y una adecuada reflexión teológica. A este propósito resulta oportuno subrayar que en muchos temas el Sínodo reclama la ayuda de los teólogos y de los canonistas. En diversos momentos del Sínodo se sintió la necesidad de una mayor presencia de expertos que ayudaran a iluminar las cuestiones. Por eso, en una de las propuestas se pide precisamente esclarecer y profundizar en la aportación de teólogos y canonistas a la asamblea sinodal[25].

---

21. XVI Asamblea del Sínodo de los obispos, *Informe de Síntesis*, 5, f. cf. Concilio Vaticano II, Decl. *Nostra aetate*, 2.

22. XVI Asamblea del Sínodo de los obispos, *Informe de Síntesis*, 5, i.

23. Cf. Papa Francisco, *Homilía en la vigilia ecuménica* (30-9-2023); *Intervención en la apertura del Sínodo de los obispos* (4-10-2023).

24. XVI Asamblea del Sínodo de los obispos, *Informe de Síntesis*, 3, h.

25. XVI Asamblea del Sínodo de los obispos, *Informe de Síntesis*, 20, g.

Otro equilibrio importante es el que ha de darse entre lo particular y lo universal, entre el modo propio de ser Iglesia y el respeto a su vinculación con toda la Iglesia (*Ecclesia tota*), entre lo peculiar de cada cultura y lugar y el riesgo de homogeneización, que ahogaría la riqueza de la diversidad[26].

En definitiva, la Iglesia tiene el reto de anunciar el Evangelio respetando lo propio de cada cultura y, al mismo tiempo, transformándola, lo que solo puede hacer con humildad y respeto, «quitándose las sandalias» (Ex 3, 5) para el encuentro con el otro.

4. Misioneros en la cultura digital

En el Sínodo se realizó una amplia reflexión sobre la cultura digital, que supone un cambio fundamental en el modo en que concebimos la realidad y nos relacionamos entre nosotros, con el ambiente que nos rodea e incluso con Dios. Este es un tema muy presente en las últimas décadas en el magisterio de la Iglesia. El *Directorio para la catequesis* realiza una amplia reflexión sobre la transformación antropológica que supone la cultura digital y los retos que plantea para el anuncio del Evangelio[27]. En el Sínodo también se advierte que «el ambiente digital modifica nuestros procesos de aprendizaje, la percepción del tiempo, del espacio, del cuerpo, de las relaciones interpersonales y nuestro entero modo de pensar»[28].

Se abre para la Iglesia, no tanto un área distinta de evangelización, sino una realidad que debe tenerse muy presente si quiere dar testimonio del Evangelio en la cultura

---

26. Cf. XVI Asamblea del Sínodo de los obispos, *Informe de Síntesis*, 5, g.
27. Pontificio Consejo para la Nueva Evangelización, *Directorio para la catequesis* (2020), nn. 359-372.
28. XVI Asamblea del Sínodo de los obispos, *Informe de Síntesis*, 17, a.

contemporánea. Las personas de nuestra cultura –y especialmente los más jóvenes– viven con naturalidad en un ambiente digital. La Iglesia ha de estar presente ahí, para llevar a cabo su misión. «Muchos jóvenes –se dice en la Síntesis–, que aún buscan la belleza, han abandonado los espacios físicos de la Iglesia a los que intentamos invitarlos, y se han quedado en los espacios *online*. Esto implica buscar nuevos modos para comprometerlos y ofrecerles formación y catequesis»[29].

Por eso se valora muy positivamente la presencia de cristianos en el mundo digital. Del mismo modo que los misioneros partieron hacia nuevas fronteras para llevar a Cristo, hoy es necesario contar con *misioneros digitales*, personas que acerquen al mensaje del Evangelio a todos los que buscan en las tablets y las redes sociales un sentido para su vida, sanar sus heridas o simplemente ser amados[30]. Algunos de estos misioneros digitales, presentes en el Sínodo, como la Hna. Xiskya Valladares, dieron preciosos testimonios de cómo, a través de las redes sociales, se puede ayudar a las personas. Una experiencia relevante ha sido también la iniciativa del Sínodo digital (proyecto «La Iglesia te escucha»), en el que se calcula que llegaron a participar veinte millones de personas. Estos proyectos muestran la potencialidad que tiene todo este mundo digital, vivido en clave misionera.

Sin embargo, debemos reconocer que el mundo digital resulta ambivalente: puede ser espacio para el crecimiento de las personas, pero también para dañarlas; puede ayudar a transmitir el mensaje del Evangelio, pero también puede provocar polarizaciones y división. Por eso, se ve la necesidad de formar a los cristianos para evangelizar esta cultura de manera que se contribuya realmente al crecimiento de las personas con

---

29. XVI Asamblea del Sínodo de los obispos, *Informe de Síntesis*, 17, k.
30. XVI Asamblea del Sínodo de los obispos, *Informe de Síntesis*, 17, c.

las que se establece una comunicación. Resulta también muy oportuno acompañar a los *misioneros digitales* e *influencers* cristianos, reconociendo su labor, ofreciendo formación y facilitando el encuentro y colaboración entre ellos[31].

---

31. XVI Asamblea del Sínodo de los obispos, *Informe de Síntesis*, 17, l y m.

~ CAPÍTULO 7 ~

Y AHORA, ¿QUÉ? EL SÍNODO CONTINÚA

En este libro he intentado exponer mi experiencia de lo vivido en el Sínodo, especialmente en la primera Sesión de la XVI Asamblea, pero queda aún mucho camino por recorrer. Es un camino que debemos hacer juntos, si queremos que, de verdad, el espíritu sinodal vaya creciendo en nuestra Iglesia.

1. Una nueva forma de ser Iglesia

Ahora tenemos el reto de que la sinodalidad no sea solo una palabra bonita o una idea de debaten los teólogos, sino una realidad que vaya penetrando la vida de nuestras comunidades, un estilo y una forma de actuar, en la que aprendemos unos de otros a caminar juntos y a crecer como evangelizadores. El Papa Francisco dijo que el Sínodo nos hace pensar no en otra Iglesia, pero sí en una «Iglesia distinta», abierta a la novedad que Dios le quiere indicar[1].

Esto exige transformación de mentalidades y de praxis. Primero, la mentalidad de los ministros ordenados, que debe

---

1. PAPA FRANCISCO, *Discurso en el momento de reflexión para el inicio del proceso sinodal* (9-10-2021).

dar paso a una concepción del ministerio menos clerical y más inserta en el pueblo de Dios. Pero también debe cambiar la manera de pensar de muchos laicos, que viven pasivamente su pertenencia a la Iglesia, sin implicarse en la vida de la misma y en la misión común. Es necesario también ir concretando, poco a poco, cambios en las prácticas y estructuras, para que la sinodalidad no quede en el vacío.

En el Sínodo comentábamos que ahora el reto es que vaya calando en nuestras comunidades esta mentalidad sinodal, que llegue hasta los fieles más sencillos la conciencia de la dignidad y derechos que les otorga su bautismo y el deseo de hacer camino juntos. Podemos hacer reforma del derecho, crear nuevas instituciones, pero si no llegamos al corazón de los fieles y de los sacerdotes, no será posible esta Iglesia sinodal. Hemos de ilusionar a todos a avanzar en este camino sinodal, que es irreversible e irrenunciable para la Iglesia del tercer milenio.

Vale la pena promover comunidades cristianas que sean lugares de auténtica comunión, en las que el sentido de que todos son corresponsables estructure su vida y que estén empeñadas en el anuncio del Evangelio. Comunidades que no tengan miedo de abrir las puertas para acoger a todos y, también, para salir decididamente a mostrar la belleza de la vida nueva en Cristo. Comunidades que sean signo de fraternidad y comunión, en medio de un mundo marcado por la división y la discordia.

2. Una invitación a la conversión

La consideración de la sinodalidad es, por todo ello, una llamada a la conversión y la reforma de nuestra Iglesia, para que en sus actitudes y sus actuaciones refleje con más claridad el Evangelio. No olvidemos que «Cristo llama a la Iglesia peregrinante hacia una perenne reforma, de la que la Iglesia misma, en cuanto institución humana y terrena, tiene siempre necesidad»[2]. Ponernos en disposición de escuchar lo que el Espíritu dice hoy a la Iglesia nos obliga a abandonar cerrazones y rigideces y abrirnos a la novedad que trae el Evangelio.

En este sentido, destaco tres frases muy sugerentes que se contienen en el documento de Síntesis. Dicen así: «Es necesaria una conversión espiritual profunda como base a cualquier cambio estructural»[3]; «si falta profundidad espiritual, la sinodalidad continúa siendo una renovación superficial»[4]; «no basta con crear estructuras de corresponsabilidad, si falta la conversión personal a una sinodalidad misionera»[5]. En estas líneas se expresa el sentir del Sínodo, que entiende que la conversión interior precede a cualquier intento de ser una Iglesia más sinodal.

Por eso es tan importante que crezca en el pueblo fiel de Dios la espiritualidad de comunión, que ha de radicarse en la Eucaristía, que es la fuente de la comunión y el alimento que sostiene el caminar juntos de la Iglesia y su misión.

3. EL CAMINO A RECORRER

Prosigue el camino sinodal que ha emprendido la Iglesia. En esta fase, el punto de referencia es el documento final de Síntesis que se entregó al Santo Padre, y se encomendó a las Conferencias Episcopales para que lo compartieran con el Pueblo de Dios en las Iglesias particulares (Diócesis)[6]. Desde

---

2. CONCILIO VATICANO II, Decr. *Unitatis redintegratio*, 6.
3. XVI ASAMBLEA DEL SÍNODO DE LOS OBISPOS, *Informe de Síntesis*, 9, f.
4. XVI ASAMBLEA DEL SÍNODO DE LOS OBISPOS, *Informe de Síntesis*, 2, c.
5. XVI ASAMBLEA DEL SÍNODO DE LOS OBISPOS, *Informe de Síntesis*, 20, c.
6. Cf. SECRETARÍA GENERAL DEL SÍNODO, Carta «Hacia octubre de 2024» (11-12-2023).

la Secretaría del Sínodo, se invita a profundizar en algunos aspectos del Informe de síntesis a partir de esta pregunta orientadora: «¿Cómo ser una Iglesia sinodal en misión?». El objetivo –según se explica– es identificar los caminos a seguir y los instrumentos a adoptar en los diferentes contextos y circunstancias, para potenciar la originalidad de cada bautizado y de cada Iglesia en la misión única de anunciar al Señor Resucitado y su Evangelio al mundo de hoy. Será importante centrar las aportaciones en torno a esta pregunta fundamental, para ser más resolutivos y evitar la dispersión.

Existen dos niveles de tratamiento de la pregunta. En primer lugar, puede ser tratada en las propias Iglesias locales. Resulta oportuno que sea abordada por los organismos de participación existentes en las Diócesis así como por los equipos sinodales y otros grupos que quieran sumarse. Vale la pena ampliar el alcance de la consulta e implicar a personas que, quizás, no participaron en la primera etapa de consultas. La Secretaría del Sínodo desglosa la pregunta básica en tres cuestiones para ser trabajadas en las Diócesis. La primera es la referente a la «corresponsabilidad diferenciada» de la que hemos hablado. Se pregunta cómo se puede potenciar esta corresponsabilidad en la misión de todos los miembros del pueblo de Dios. Será oportuno preguntarse, en este contexto, por el papel que corresponde a cada una de las vocaciones y ministerios en la Iglesia: ministerio ordenado, vida consagrada y laicado. La segunda cuestión se refiere a cómo concretar la sinodalidad en estructuras y procesos de discernimiento y decisión en relación con la vida y misión de la Iglesia. En esta fase de la consulta, se pide que las respuestas sean muy concretas, para que así podamos dar pasos prácticos en la vivencia de la sinodalidad. La tercera pregunta se refiere a los organismos de participación que, como hemos visto, resultan fundamentales para vivir la sinodalidad. Se pregunta cómo pueden renovarse los organismos ya existentes y si conviene introducir algún organismo más para facilitar la participación del pueblo de Dios. Se introduce aquí también otra cuestión y es la referente a los ministerios, planteando la pregunta, que quedó pendiente en la Asamblea, de cómo potenciarlos y de si conviene instaurar nuevos ministerios. Es el momento de trabajar a nivel diocesano en estas cuestiones.

El segundo nivel de la pregunta se refiere a las relaciones entre unas Diócesis y otras y entre las agrupaciones de Iglesias y con el Santo Padre. Es una pregunta para ser tratada, de manera especial, en las reuniones de las provincias eclesiásticas y en la propia Conferencia Episcopal Española. También podrían unirse a esta reflexión las uniones de religiosos y los consejos de laicos. Se pregunta por cómo «articular creativamente» las relaciones entre las Iglesias y la relación de las Iglesias con el Papa, para encontrar un «equilibrio dinámico» entre la dimensión universal de la Iglesia y sus raíces locales.

Las respuestas en estos dos niveles serán recogidas por la Conferencia Episcopal, que remitirá un resumen a la Secretaría del Sínodo. Sobre la base del material recogido de las diversas Conferencias Episcopales, se redactará el *Instrumentum laboris*, que será la guía de trabajo de la segunda Sesión de la Asamblea.

Por otra parte, hay una serie importante de temas que quedaron abiertos y pendientes de mayor profundización y estudio (como el diaconado de la mujer o la reforma de los seminarios, entre otros). La Secretaría del Sínodo ha comunicado su intención de convocar a expertos para tratar estas cuestiones y presentar al Santo Padre una lista de los temas que requieren ser abordados en más profundidad.

El Sínodo nos devuelve sus reflexiones, contenidas en la Síntesis, y nos pide acogerlas a nivel diocesano y ayudar a discernir cómo ser una Iglesia más sinodal y más misionera.

Ninguno de nosotros puede quedarse al margen, contemplando como espectadores pasivos lo que sucede. Como miembros de la Iglesia somos actores y hemos de tomar parte en este proceso que pretende ayudarnos a crecer como pueblo fiel de Dios que sale decidido a anunciar su Santo Nombre.

4. Hemos plantado unas semillas

¿De qué está sirviendo el Sínodo? En la última meditación que nos dirigió el P. Timothy Radcliffe nos dijo que las reflexiones y trabajos realizados en la Asamblea «son las semillas que se siembran en la tierra de la Iglesia. Trabajarán en nuestras vidas, en nuestra imaginación y en nuestro subconsciente, durante estos meses. Cuando llegue el momento, darán su fruto»[7]. Aunque parezca que no ocurre nada, podemos confiar en la fuerza de estas semillas, que crecerán en el seno de la Iglesia y ayudarán a transformarla para crecer como evangelizadora.

En la Síntesis se concluye: «"¿Cómo sucederá esto?", se preguntó María de Nazaret (Lc 1,34) después de haber escuchado la Palabra. La respuesta es una sola: quedarse a la sombra del Espíritu y dejarse envolver por su potencia».

Adsumus, Sancte Spiritus!
¡Estamos ante ti, Espíritu Santo!

---

7. T. Radcliffe, Meditación «La semilla germina» (23-10-2023).

ÍNDEX